D0707246

DICCIONARIO DE LA FELICIDAD

Beatriz Vera Poseck

DICCIONARIO
DE LA FELICIDAD

integral

Diseño e ilustración de la cubierta: Opalworks

© del texto, 2010, Beatriz Vera Poseck
© de esta edición: 2010 RBA Libros, S.A.
Pérez Galdós, 36 – 08012 Barcelona
www.rbalibros.com / rba-libros@rba.es

Primera edición: septiembre 2010

Reservados todos los derechos.
Ninguna parte de esta publicación
puede ser reproducida, almacenada
o transmitida en modo alguno o por ningún medio
sin permiso previo del editor.

Ref: OAGO209
ISBN 97-8849-2981-212
Fotocomposición: Víctor Igual, S.L.
Depósito legal: B– 38.038 – 2010
Impreso por Novagrafik

A José, un ilustre pesimista con un gran corazón optimista.
18 de junio de 2010

Desde que se estableció como disciplina científica, allá por el último tercio del siglo XIX, la psicología ha centrado su interés en el estudio de las enfermedades y los trastornos de la mente humana. A la psicología le preocupa determinar las causas por las que las personas desarrollamos problemas mentales y encontrar los tratamientos apropiados para eliminarlos. Tras muchas décadas de estudio, ha logrado identificar una amplia variedad de patologías mentales y desarrollar diferentes tratamientos para ellas, con mayor o menor fortuna. Centrada como ha estado en la parte más negativa y problemática de los seres humanos, a la psicología se le ha ido quedando en el camino la otra parte, la de las cosas buenas y positivas que también nos caracterizan.

El interés por estudiar todo lo que tenemos de bueno y de positivo los seres humanos surge dentro de una corriente, la de la psicología positiva, que nace en Estados Unidos en el año 2000 de la mano de uno de los psicólogos e investigadores más prestigiosos del mundo, Martin Seligman (1942). La psicología positiva es una rama de la psicología de reciente aparición que busca comprender, a través de la investigación científica, los procesos que subyacen tras las fortalezas y emociones positivas del ser humano. Pretende ser un nuevo punto de vista desde el que entender a las personas, que no viene a sustituir, sino a complementar y a apoyar, al ya existente. Desde la psicología positiva se nos recuerda que el estudio de la salud, el bienestar y la felicidad es tan importante, serio y científico como lo es el de la enfermedad, la disfunción y el malestar. Durante muchos años, la balanza de la psicología ha estado inclinada hacia el lado negativo de la mente humana, y el objetivo principal de la psicología positiva es equilibrar esa balanza, sin restar importancia al estudio de la parte negativa, sino incrementando la relevancia de la positiva. La psicología debe mirar más allá de la enfermedad mental y el tratamiento y transformarse en una fuerza positiva destinada a comprender y promover las cualidades y las fortalezas de los seres humanos.

El diccionario que tienes entre las manos nace con el objetivo de recoger todas aquellas emociones, virtudes y cualidades positivas que ayudan a las personas a mejorar su vida, a sentirse más felices y satisfechas. Enmarcado en la corriente de la psicología positiva, y tomando siempre como referencia la investigación científica y los avances que cada día son posibles gracias al esfuerzo de decenas de grupos de investigación en todo el mundo, este diccionario quiere acompañarte en tu camino hacia la felicidad, mostrándote las principales nociones positivas, además de proponerte un buen montón de ejercicios prácticos, consejos y pautas para ayudarte a hacer de tu vida algo que merezca la pena vivirse.

La autoestima, la bondad, el humor, la inteligencia emocional, el fluir, el optimismo, la creatividad... son tesoros que todas las personas escondemos en nuestro gran armario de la vida; solo hay que saber encontrarlos, limpiarlos de polvo y comenzar a hacer uso de ellos a diario. Defender una actitud positiva ante la vida no es negar los problemas o permanecer indiferente ante la crueldad del mundo. Solo desde el optimismo, la esperanza y la motivación para el cambio se pueden mejorar las cosas y hacer de este mundo un lugar más amable y benevolente para todos. Una actitud positiva frente a los problemas reduce el inmovilismo, nos empuja a actuar en pro de nuestro beneficio y también del beneficio de quienes nos rodean.

Eso sí, las emociones positivas no son remedios milagrosos para todos los males de la humanidad. Muchas veces la psicología popular les ha atribuido cualidades casi mágicas, como si su sola presencia pudiera hacer desaparecer todos nuestros problemas. No es preciso exagerar los poderes de las emociones positivas y de las fortalezas humanas, pues ellas tienen suficiente valor por sí mismas. Es realmente más sensato avanzar por el camino más lento pero seguro de la experimentación y la investigación, el camino de la ciencia, y no lanzarse a aventurar resultados apoteósicos construidos sobre humo. Tampoco se trata de eliminar de un plumazo las emociones negativas, sino de aprender a controlarlas y regularlas. Todas las emociones, negativas y positivas, nos dan una oportunidad de aprendizaje; como nos ha demostrado la resiliencia y el crecimiento postraumático, hasta en las situaciones más negativas podemos encontrar elementos de crecimiento y enriquecimiento personales.

Centrados como estamos en satisfacer nuestras necesidades materiales, muchas veces no nos damos cuenta de que la verdadera felicidad no se esconde en las cosas que nos rodean, sino en nuestro interior. Esforzarnos por cultivar las relaciones personales y cuidar de quienes tenemos cerca y amamos, porque es en compañía cuando las personas pasamos los mejores momentos de nuestra vida, es una inversión de felicidad mucho mayor que obcecarnos en ganar más dinero, comprarnos un coche más grande o adquirir una casa mejor. Vivimos en una sociedad cada vez más estresante, el reloj avanza siempre en nuestra contra, nos pasamos el día corriendo de un lado para otro con la angustiosa sensación de que no acabaremos a tiempo lo que debemos hacer y sin apenas ocasiones para tomarnos un respiro. No es mala idea aprender de nuestros vecinos de Oriente a enfrentar la vida de una manera más relajada, a disfrutar del presente y a saborear los buenos y pequeños momentos que nos da esta vida, que solo es una, al menos que sepamos. Las personas del siglo XXI miramos pero no vemos, oímos pero no escuchamos. Ve, escucha, y no olvides nunca que la vida es algo que merece la pena disfrutarse.

Es hora de afrontar la vida con optimismo y esperanza; apreciar la belleza en todo aquello que nos rodea; ser capaz de emocionarse con un paisaje o con una canción; atesorar buenas experiencias para que en el futuro se conviertan en bellos recuerdos que podamos traer a la memoria en situaciones difíciles; recordar con nostalgia los grandes momentos de nuestra vida, a las maravillosas personas que nos hemos ido cruzando en el camino, a las que se quedaron atrás, a las que ya no están con nosotros, o con quienes el destino nunca más nos volvió a reunir; enamorarse, sentir pasión, entusiasmo y vitalidad en cada paso que damos; disfrutar de nuestros amigos y de nuestra familia; sentir orgullo por nuestros logros; tolerar las opiniones de los demás, aunque sean diferentes a las nuestras; luchar con perseverancia por alcanzar nuestros sueños; mostrar nuestro agradecimiento a aquellos que nos ayudan y perdonar a quienes nos hacen daño.

Porque la vida es como una caja de bombones, nunca sabes lo que te va a tocar; confía en lo inesperado.

Madrid, 25 de junio de 2010

A

ALTRUISMO

Imagina que viajas en un avión a punto de estrellarse y solo hay un paracaídas a bordo. Tú debes decidir quién se lo pondrá y, por tanto, quién será el único que podrá salvarse. Las personas con las que viajas son: *a*) tu hijo/a de 8 años; *b*) tu padre/madre de 70; *c*) tu sobrino/a de 8 años; y *d*) tu tío/a de 70. ¿En qué orden les dejarías el paracaídas? Seguramente tu primera elección haya sido la *a*. La explicación es sencilla: cuando nos encontramos ante situaciones de vida o muerte, tendemos a ayudar a aquellas personas que están genéticamente más relacionadas con nosotros y también a las más jóvenes. A partir de este hecho comprobado, las teorías llamadas *evolucionistas* tratan de explicar el comportamiento altruista como el sistema que tienen las diferentes especies para perpetuar sus genes de una generación a otra. Aunque esta teoría pueda ser cierta en parte, de lo que no hay duda es de que las personas nos comportamos de forma altruista no solo con quienes pertenecen a nuestra familia, sino con amigos, conocidos e, incluso, con personas con las que no compartimos ningún tipo de vínculo emocional o afectivo. Oskar Schlinder fue un exitoso hombre de negocios alemán que, durante la Segunda Guerra Mundial (1939-1945), salvó la vida de más de mil judíos al evitar que fueran deportados a campos de exterminio nazi. En esta época hubo muchas otras personas anónimas que arriesgaron su vida por proteger a los judíos del holocausto, a sabiendas que, haciéndolo, se exponían a una muerte segura. ¿Por qué?

No todas las personas tienen la misma disposición a ayudar a los demás. Haz un repaso mental de la gente que conoces y seguro que encuentras a algunos que se desviven por apoyar a sus semejantes y que siempre están dispuestos a echar un cable, y a otros que no suelen involucrarse en ayudar a los demás y parecen mirar casi exclusivamente por sí mismos. Si tuviéramos que explicar estas diferencias, uno de los factores que primero podríamos tener en cuenta es el de la personalidad, es decir, las diferencias de carácter o de forma de ser entre las personas. Y es cierto. La investigación en psicología ha demostrado que existe un rasgo de personalidad específico que hace ser más o menos altruistas a las personas. Este rasgo se conoce con el nombre de *empatía* o *capacidad de ponerse en el lugar del otro*. Las personas empáticas son capaces de sentir el sufrimiento y la alegría ajenos con facilidad, lo que les lleva a involucrarse mucho más en la vida de los que les rodean. Por esta razón, las personas que tienen una mayor capacidad de empatía están más dispuestas a ayudar a los demás, es decir, son más altruistas.

Al hablar de altruismo hacemos referencia a la ayuda a otras personas que se ejerce de forma voluntaria e intencional sin pedir nada a cambio. Cuando cedemos nuestro asiento a una mujer embarazada en el metro, ayudamos a una persona ciega a cruzar una calle, compramos un bocadillo a un indigente, dedicamos unas horas a la semana a labores de voluntariado o paramos en medio de la lluvia para recoger un gatito abandonado en la carretera, estamos teniendo un comportamiento altruista. Los psicólogos llevan muchos años tratando de encontrar qué es lo que nos mueve a tener este tipo de comportamientos, qué es lo que nos empuja a dejar de lado nuestro interés personal y mirar solo por el bienestar de otra persona, es decir, ¿qué factores explican la conducta altruista? Lo que la mayoría de los estudios nos indica es que son los factores emocionales y no los racionales los causantes del altruismo. Son nuestras emociones y nuestra capacidad de sentir empatía las que nos llevan a comportarnos de forma altruista.

Se ha comprobado, por ejemplo, que la activación emocional positiva refuerza el altruismo. El día en que nos encontramos felices, no tenemos problemas en ceder nuestro asiento a una embarazada, ayudar a una anciana a llevar las bolsas de la compra, dar algo suelto al mendigo de nuestra plaza... El día en que lo vemos todo negro, el resto del mundo parece no importarnos y pasamos por alto cualquier petición de ayuda. Frente a lo que pueda parecer, la capacidad de empatía es mucho mayor cuando nos sentimos felices que cuando estamos tristes, pues las emociones positivas nos hacen abrirnos al mundo y las negativas nos encierran en nosotros mismos.

Lo curioso e interesante es que, a su vez, la conducta altruista genera un estado de ánimo positivo que revierte directamente en nuestros niveles de felicidad. Uno de los descubrimientos más sólidos de la psicología positiva es el hecho de que la orientación a ayudar a los demás es, a largo plazo, más recompensante que la orientación a la satisfacción del placer personal.

Compruébalo tú mismo...

A lo largo de los próximos días, planea llevar a cabo dos tipos de actividades distintas: una tarea placentera para ti mismo y una tarea destinada a ayudar a los demás. Cuando las tengas bien definidas, lanza una moneda al aire para decidir cuál de las dos realizarás en primer lugar. Es importante que dediques el mismo tiempo a ambas tareas.

Una vez que las hayas realizado, coge un cuaderno y escribe acerca de tu experiencia, comparando y contrastando tus sentimientos y reacciones ante cada una de las tareas que has efectuando. Con pocas excepciones, este ejercicio enseña a quienes lo ponen en práctica una lección de vida muy importante: la diversión personal es placentera en el momento en que llevamos a cabo la acción, pero es un placer fugaz. En contraste, el amor y la preocupación por los demás, permanece.

No hay duda, entonces, de que unas personas son naturalmente más altruistas que otras y que esas diferencias vienen motivadas, en parte, por su personalidad. Sin embargo, también sabemos que el altruismo no es solo una cuestión de personalidad, sino que existen otros factores que influyen y determinan que, en una situación concreta, una persona actúe o no de forma altruista. Un dato curioso pero confirmado es que si una persona va con prisa ayudará menos que si va tranquila, sin prisa. Ésta podría ser una de las razones que explican por qué la gente que vive en grandes ciudades es a veces tan indiferente al sufrimiento ajeno; en estos casos, la cuidad termina convirtiéndose en una auténtica jungla basada en la ley del más fuerte.

Otro factor que parece tener influencia en las conductas altruistas tiene que ver con la cantidad de personas que presencian una situación en la que se necesita ayuda. Medio centenar de estudios científicos han demostrado que, cuanto mayor es la cantidad de espectadores u observadores presentes en un escenario concreto, menos se ayuda. Es normal pensar que si algún día nos sucede algo y necesitamos ayuda lo mejor es que nos ocurra en un lugar muy concurrido: cuanta más gente nos vea en problemas, más fácil será que no nos pase nada y que nos ayuden. Curiosamente, lo que sucede es justo lo contrario: las personas ayudamos mucho más cuando estamos solas que cuando estamos acompañadas. En psicología social este fenómeno recibe el nombre de *ignorancia pluralista* y el mecanismo principal que lo explica es la difusión de la responsabilidad. Cuando una persona sola es testigo de una situación de emergencia, recae sobre ella toda la responsabilidad de ayudar; el peso de esa responsabilidad será uno de los motores que le impulse a hacer algo para ayudar a la persona que se encuentra en apuros. Cuando los testigos de una situación de emergencia son muchos, la responsabilidad se reparte entre ellos y, por tanto, disminuyen las posibilidades de que la persona actúe.

Otra explicación a esta circunstancia es lo que se conoce como *efecto espectador*. Cuando se produce una situación de emergencia, siempre existe cierta ambigüedad y nadie sabe muy bien qué hacer ni cómo actuar; si estamos acompañados por otras personas, lo primero que haremos será mirar a los demás y esperar a ver qué hacen ellos. Eso genera un círculo de inactividad que nadie quiere romper por miedo al ridículo o al qué dirán. Una de las manifestaciones más conocidas y trágicas de este fenómeno tuvo lugar en el año 1964 en la ciudad de Nueva York, cuando la joven Kitty Genovese fue apuñalada y asesinada por un violador y asesino en serie delante de 38 testigos sin que ninguno de ellos hiciera nada para impedirlo a pesar de sus continuas y desgarradoras peticiones de auxilio. Fueron los psicólogos que estudiaron el caso varios años después, John Darley y Bibb Latane, quienes definieron lo que hoy se conoce como efecto espectador, es decir, los espectadores asumen que otro intervendrá y, finalmente, nadie hace nada.

AMISTAD

Cierra los ojos por un instante y trata de recordar un momento especialmente feliz en tu vida. Es posible afirmar casi con toda seguridad que ha acudido a tu memoria un instante compartido junto a otra persona. No es cuestión de magia o adivinación, sino que tiene una explicación muy sencilla: los seres humanos somos animales sociales y necesitamos la compañía de nuestros semejantes para sentirnos completos. Las experiencias más positivas que recordamos son aquellas que hemos compartido con nuestros amigos.

Una buena parte de las investigaciones en psicología se han centrado en encontrar el secreto de la felicidad. Lo han buscado en la salud, en el dinero, en la juventud... pero hasta ahora ninguno de esos factores parece estar relacionado con ser feliz. Por suerte, la búsqueda no ha sido totalmente infructuosa. Hay un factor que sí que aparece asociado a la felicidad en todos los estudios científicos y éste no es otro que las relaciones personales. Cuando los psicólogos preguntan a las personas qué les hace felices, la mayoría asegura sentirse muy feliz cuando está con sus amigos y con su familia. Todo apunta a que los demás son la fuente de felicidad que más nos llena y que las relaciones personales tienen una incidencia mucho mayor en la felicidad humana que cualquier otra circunstancia. ¿Qué es lo que diferencia a las personas muy felices de las que no lo son tanto? Todas las encuestas reflejan lo mismo, y es que las personas muy felices tienen una vida social rica y satisfactoria. Este dato es significativo hasta el punto de que, si alguien afirma tener cinco o más amigos con los que puede hablar de problemas importantes, tiene un 60% más de probabilidades de sentirse muy feliz.

Las personas solemos tener tendencia a sentirnos muy deprimidas cuando estamos solas. Con mucha frecuencia, la soledad genera estados de ánimo bajos, falta de autoestima, apatía y aburrimiento. Por el contrario, cuando disfrutamos de la compañía de personas importantes para nosotros, nos sentimos mucho más felices, alegres y animados. La mayoría de las cosas que hacemos en nuestra vida resulta mucho más agradable cuando tenemos a otras personas a nuestro alrededor. No solo la cantidad, sino la calidad de los momentos que pasamos en compañía resultan imprescindibles para tener una vida feliz.

Lo interesante de las relaciones entre amistad y felicidad es que son recíprocas, es decir, que no solo las personas que tienen buenos amigos son felices, sino que las personas que son felices tienen más probabilidades de tener buenos amigos. Aunque, en realidad, no se trata de tener muchos amigos: no es cuestión de cantidad, sino de calidad. Las amistades profundas y duraderas son las que realmente tienen valor. De sobra conocemos a personas que viven rodeadas de gente pero en la más horrible soledad. La felicidad no se cuenta por el número de amigos que uno tiene, sino por la calidad de esas relaciones de amistad.

Si no conociéramos la importancia que las relaciones personales tienen en la felicidad de las personas, podríamos sorprendernos enormemente de lo que un grupo de investigadores británicos comprobó en el año 2006: ocho de cada diez habitantes de Bangladesh, uno de los países más pobres del planeta, aseguraban ser felices. El 79 % dijo que era feliz, y el 38 %, que era muy feliz ¿Cómo es posible que personas que carecen de los recursos más básicos, que padecen problemas de salud y que deben pasar por todo tipo de penurias se sientan felices? Los investigadores descubrieron que la base de la felicidad de los habitantes de Bangladesh eran los fuertes lazos afectivos que los unían. Una red familiar y social sólida es la responsable de que las personas se sientan a gusto con sus vidas, sean cuales fuesen sus circunstancias.

Recibir apoyo por parte de las personas que nos rodean es una de las claves para ser felices. No es fácil encontrar una fórmula mágica para la felicidad, pero, si la hubiera, la amistad tendría muchísimo peso en ella. El apoyo social no influye solo en nuestros niveles de felicidad, sino también en nuestra salud e incluso en nuestra longevidad. Tener una buena red de apoyo social que nos ayude en momentos duros y difíciles no solo mejorará nuestra forma de afrontar esos momentos, sino que acrecentará también nuestra salud y nos hará vivir durante más tiempo. El poder de la amistad es inmenso.

El valor de la amistad se nos antoja más fuerte cuando somos niños y adolescentes. En estas etapas de la vida, consideramos a nuestros amigos como las personas más importantes y pasamos junto a ellos gran parte de nuestro tiempo. Con el paso de los años y la llegada de la edad adulta, puede parecer que la amistad queda en un segundo plano, superada por nuevas responsabilidades y problemas. Sin embargo, también las personas adultas e incluso los ancianos se sienten más felices entre amigos. La amistad es importante en todas las etapas de la vida. Los amigos aportan los contextos emocionalmente más gratificantes y las mejores oportunidades para que desarrollemos nuestro potencial como personas. En compañía de nuestros amigos, podemos expresar partes de nuestra personalidad que nos cuesta expresar en otras situaciones; cuando estamos junto a ellos, podemos ser realmente quienes somos, sin máscaras ni disfraces.

Aunque casi todos nosotros somos bastante conscientes de que las relaciones personales son importantes, reconocemos que demasiadas veces las descuidamos y no hacemos todo lo que está en nuestra mano por cuidarlas y mantenerlas. Solemos asumir que las relaciones personales son un proceso natural en el ser humano y que fluyen por sí solas, por lo que no necesitan de nuestro esfuerzo para mantenerse. Lejos de ser así, las relaciones son como las plantas: tenemos que cultivarlas y mimarlas con asiduidad para que crezcan y se mantengan esplendorosas. Las relaciones personales exigen esfuerzo e interés para que no se marchiten. Ninguna actividad compleja funciona correctamente si no le dedicamos tiempo y energía, ¿por qué con las relaciones iba a ser de otra manera?

Si estás buscando el secreto de la felicidad, ya has encontrado una de las pistas: ¡disfruta de tus amigos y cuida tus relaciones personales! Coge el teléfono y llama a ese amigo al que hace tanto tiempo que no ves, organiza una cena para todos en casa, reencuéntrate con tu gran amigo de la infancia..., invierte tiempo, dedicación y energía en tus relaciones personales y verás cómo mejora tu estado de ánimo y cómo te sientes inmensamente feliz.

Cultiva tus amistades...

A continuación te proporcionamos cuatro pautas básicas para lograr que tus relaciones personales sean positivas, duraderas y beneficiosas.

1. **Dedica tiempo.** Comparte tiempo y actividades con tus amigos. Mantén el contacto de forma regular, por teléfono o haciendo uso del correo electrónico y de las redes sociales de Internet, y organiza actividades en común. Puedes plantear, por ejemplo, una reunión mensual o establecer un día de la semana que sea vuestro y os lo dediquéis a vosotros. Unas vacaciones en grupo también pueden resultar perfectas para estrechar lazos de amistad.

2. **Demuestra admiración, agradecimiento y afecto.** Expresa tu admiración, tu agradecimiento y tu afecto de forma directa y frecuente a tus amigos. Hay muchas maneras de demostrar a las personas que queremos que las admiramos y respetamos, y que sentimos afecto y agradecimiento por ellas. Puedes hacerlo con palabras, pero también con gestos o con detalles que te ayuden a transmitir tus sentimientos y emociones.

3. **Aprende a comunicarte y a escuchar.** Compartir

tus sentimientos y tus pensamientos más íntimos y personales con tus amigos no solo ayuda a estrechar lazos de amistad, sino que te ayudará a superar tus problemas y a encontrar soluciones. Además de expresar tus sentimientos, es muy importante que sepas escuchar los de tus amigos. Aprender a escuchar es un elemento clave en las relaciones de amistad. Debes lograr que tus amigos tengan en ti un apoyo y un soporte. No olvides que, muchas veces, lo que realmente necesita un amigo no es tanto un consejo ingenioso, sino solo que lo escuches de verdad.

4. **Expresa tu apoyo y lealtad.** Apoya a tus amigos, no solo en los malos momentos. No te sientas amenazado por el éxito de tus amigos. Disfruta y comparte con ellos las cosas buenas que les sucedan. Cambia la envidia por la lealtad y alégrate por los triunfos de tus amigos convirtiéndolos en tuyos.

AMOR

El estribillo de una conocida canción popular asegura que «tres cosas hay en la vida: salud, dinero y amor... y el que tenga estas tres cosas, que le dé gracias a Dios». La sabiduría popular no siempre acierta, aunque en este caso no iba desencaminada del todo. Los estudios científicos demuestran que la salud y el dinero no tienen demasiada relación con la felicidad de las personas, mientras que el amor es precisamente el factor externo que más influye en ella. Amar y ser amado es una de las experiencias más gratificantes que puede experimentar una persona a lo largo de su vida. Una relación romántica intensa es uno de los mejores predictores de felicidad. Las personas necesitamos del amor para ser felices: los casados son más felices que los solteros, aunque no es el matrimonio en sí el causante de la felicidad, sino un matrimonio bien avenido. Los matrimonios que marchan mal son una de las mayores causas de infelicidad en las personas. ¿Cómo conjugar las dos caras de un fenómeno tan intenso como es el amor, cuando no podemos vivir sin él pero puede convertirse en la causa de nuestros mayores sufrimientos?

«De novios, mieles, y de casados, hieles.» Este dicho popular refleja una situación a la que muchas parejas deben enfrentarse: al principio la relación tiene muchas cosas positivas y está llena de buenos momentos, pero poco a poco evoluciona hacia los problemas, la incomunicación, los reproches y el desafecto. Las estadísticas nos dicen que al menos la mitad de los matrimonios termina en divorcio. Cuando una pareja decide casarse, lo hace convencida de que será para toda la vida; los enamorados creen que su amor es diferente y tan fuerte que podrá superar todos los obstáculos y durar eternamente. Por desgracia, tarde o temprano, todas las parejas deben enfrentarse a problemas y conflictos que, si se dejan sin resolver, derivan en relaciones muy dolorosas y problemáticas.

Robert Sternberg es un psicólogo estadounidense especialista en la psicología del amor. Sus investigaciones le han llevado a descomponer el amor en tres ingredientes fundamentales, que forman un triángulo: la intimidad (o cariño), la pasión y el compromiso. Dependiendo del grado en que cada uno de estos tres ingredientes esté presente en una relación de pareja, podremos hablar de diferentes tipos de amor: en el amor romántico, por ejemplo, están presentes el cariño y la pasión, pero falta el compromiso; en el amor de compañero, hay cariño y compromiso, pero no existe pasión. El amor consumado o perfecto sería aquel en el que conviven los tres componentes en equilibrio.

El amor no es un fenómeno estático, sino en continuo cambio. Por norma general, una relación de pareja duradera sigue un proceso de evolución en dos fases: una primera fase de enamoramiento, o amor romántico, da paso, con el tiempo, a una segunda fase de amor compañero, o maduro, en la que el enamoramiento ha desaparecido, la pasión se ha amortiguado, pero se han ido forjando otros vínculos, como la comprensión, el compromiso y la intimidad.

• El **enamoramiento** es un sentimiento muy poderoso que desencadena, entre dos personas, el deseo de comprometerse en una relación. Cuando nos enamoramos, solemos atribuir a la persona amada una gran cantidad de cualidades, la idealizamos, destacando sus características positivas y olvidándonos casi por completo de las negativas. Aunque el enamoramiento cumple un papel fundamental en el amor, como motor que desencadena una relación de pareja, es un sentimiento que no dura demasiado. El paso del tiempo es su enemigo mortal; a medida que la relación avanza, el enamoramiento va desapareciendo. Se trata de una circunstancia natural y normal que anticipa una nueva fase en la relación.

• El **amor maduro** es el que surge entre dos personas a lo largo del tiempo. Cuando el enamoramiento desaparece, las emociones que sentimos hacia nuestra pareja no desaparecen con él, sino que se transforman, se canalizan hacia nuevas formas de amar. Dejar de estar enamorado no significa dejar de amar. Los especialistas han definido varios componentes básicos del amor maduro: los sentimientos de cariño, la solicitud, las expresiones de afecto, la aceptación, la empatía, la sensibilidad, el entendimiento, el compañerismo, la intimidad, la amistad...

A pesar de que ésta es la evolución normal de una relación estable, en demasiadas ocasiones el amor maduro no se mantiene y deriva hacia relaciones disfuncionales, en las que, con frecuencia, la única salida que ambas personas encuentran es la ruptura. ¿Cómo y por qué pasa una pareja de la ilusión a la desilusión, de la felicidad a la infelicidad, del amor al desamor?

Aunque siempre se ha dicho que el amor mueve montañas, lo cierto es que no es tan poderoso como parece y no suele ser lo suficientemente fuerte como para resistir todos los factores externos que lo acechan: la rabia, el resentimiento, el reproche... El amor nunca está libre de problemas. La convivencia implica roces, malentendidos, conflictos y discusiones que inevitablemente van deteriorando la relación amorosa. Por eso, para que una relación de pareja funcione, dure y prospere, se necesitan otros ingredientes además del amor. Son necesarios el compromiso, la responsabilidad, la generosidad, la comunicación, la lealtad, la confianza... Una relación de pareja implica, ante todo, un intercambio, un proceso dinámico recíproco en el que cada miembro da y recibe. Ésta es la esencia del amor y es precisamente aquí donde normalmente se localizan las causas tanto de la buena marcha de una relación como de su deterioro.

Debemos saber que, cuando una relación no marcha todo lo bien que desearíamos, siempre es posible encontrar vías de recuperación; la única condición es que ambas partes de la pareja lo deseen y estén motivadas para el cambio. El primer paso que debemos dar para aprender a entender cómo funciona el amor es aceptar que amor y enamoramiento no son sinónimos. El hecho de que el enamoramiento desaparezca o las pasiones se amortigüen no quiere decir que el amor se haya terminado; muy al contrario, es el momento de desarrollar vínculos más fuertes y emociones mucho más complejas.

Uno de los grandes problemas de muchas parejas surge precisamente cuando no son capaces de renunciar a la primera fase de la relación y aparecen sentimientos de desilusión y frustración ante la ausencia del enamoramiento. Una vez que aceptamos que toda relación duradera implica una amortiguación natural de las pasiones, existen cuatro puntos clave que debemos fortalecer en una relación:

1. **Confianza:** crear cimientos sólidos de lealtad, respeto y seguridad.
2. **Cariño:** cultivar la afectividad y la ternura, demostrar sensibilidad y apoyo hacia la otra parte de la pareja, hacer frecuentes demostraciones de cariño.
3. **Compañerismo:** reforzar el compromiso y la colaboración, establecer momentos de tiempo compartido, crear redes de amigos comunes, fomentar actividades y *hobbies* que impliquen a ambos miembros de la pareja.
4. **Comunicación:** aprender a hablar y a comunicar los sentimientos y pensamientos, aprender a escuchar, demostrar empatía y comprensión hacia lo que la otra persona nos transmite.

AUTOESTIMA

La autoestima es la valoración que hacemos de nosotros mismos. El concepto que una persona tiene sobre sí misma empieza a formarse durante la infancia y continúa desarrollándose a lo largo de toda la vida, aunque una de las etapas más críticas en este proceso de desarrollo de la autoestima es la adolescencia, periodo en el que descubrimos quiénes somos y cuál es nuestro lugar en el mundo.

El nivel de autoestima que tiene una persona es el responsable de muchas de sus conductas y actitudes ante la vida. Tener una autoestima elevada no implica sentirse superior o creerse por encima de los demás, sino saber valorarse, quererse y aceptarse tal como uno es, con plena conciencia de las virtudes y cualidades, así como de las limitaciones y los defectos que uno posee. Las personas que tienen la autoestima alta se sienten bien consigo mismas y están orgullosas de sus capacidades, habilidades y logros, lo que les permite enfrentarse eficazmente a los problemas y superar los obstáculos que aparecen en su camino. Las personas con baja autoestima, por el contrario, tienen una visión muy distorsionada de sí mismas; sienten que no gustan a nadie, que nadie las acepta y que no son buenas en nada. Tienen, además, una tendencia muy marcada a la frustración, se dejan influir por los demás y por sus críticas, y tienden a experimentar numerosos fracasos y decepciones en su vida.

Nadie nace con alta o baja autoestima, sino que ésta se va construyendo según nos relacionamos con los demás y con nuestro entorno. La autoestima aumenta y disminuye en función de muchos factores externos y, como todos los aspectos de la psicología humana, también depende de variables internas.

Hay personas a las que les influye mucho el entorno y cuya autoestima puede tambalearse por un comentario desagradable o una frase desacertada. El fracaso y las malas experiencias pueden disminuir la autoestima, mientras que el éxito y las buenas relaciones son capaces de aumentarla. La autoestima depende también de la educación que recibamos desde niños. Es a lo largo de toda nuestra infancia y adolescencia cuando nuestra autoestima se va construyendo y fortaleciendo.

La buena noticia es que la autoestima se puede trabajar y potenciar. No requiere procedimientos complicados, pero sí perseverancia y constancia. Si aprendes a quererte a ti mismo, descubrirás que, cuando tú te sientes bien, automáticamente mejora la calidad de tus relaciones con los demás, porque lo que los demás ven de ti es lo que tú transmites. La psicología nos ha mostrado que las personas con autoestima alta suelen tener más éxito en la vida. Podríamos pensar que, precisamente porque tienen éxito, les resulta fácil valorarse a la alza; sin embargo, lo que nos muestran los estudios es que el mecanismo funciona a la inversa, es el hecho de valorarse positivamente a uno mismo el que influye de manera decisiva en el éxito de las personas, tanto en sus relaciones con los demás como en los proyectos que emprenden.

El decálogo de la autoestima

A continuación te damos diez sencillos consejos para ayudarte a mejorar tu autoestima:

1. **Elabora una lista con tus virtudes y cualidades.** Centráte en lo positivo que hay en ti, en las características buenas que tienes y en aquello de lo que puedes sentirte orgulloso. Tómate un tiempo para leerla y reflexionar sobre ella. Sé consciente de tus logros y de tus éxitos, reconoce tu capacidad para hacer las cosas bien y aprende a felicitarte por ello.

2. **Elimina los pensamientos negativos sobre ti mismo.** Cuando te des cuenta de que estás siendo demasiado crítico contigo mismo, equilibra la balanza pensando en aquellos aspectos positivos que te caracterizan. No te reproches ni culpes por tus defectos; si hay algo que no te gusta de ti, intenta cambiarlo y mejorarlo. Tampoco te compares continuamente con los demás ni te sientas inferior a ellos. Todos tenemos cualidades positivas y negativas, y destacamos en unos ámbitos más que en otros.

3. **Aprende a disfrutar de la vida.** Relájate, diviértete y disfruta junto a las personas que te importan haciendo cosas que te gustan. Sonríe a la vida, piensa en las cosas que hacen que merezca la pena vivir, intenta ser optimista y positivo. Dedícate tiempo, cuida tu aspecto físico, desarrolla tu intelecto... Experimenta cosas nuevas, prueba con diferentes actividades que siempre te hayan atraído pero que no te hayas atrevido a hacer.

4. **Cultiva tus amistades, no te aísles.** Comparte acti-

vidades en grupo o en pareja. Planifica encuentros con tus amigos, potencia tus relaciones sociales. Si sientes que no tienes las amistades que necesitas, anímate a conocer gente que comparta tus gustos e intereses. Si tienes problemas, deja que los demás te ayuden y no dudes en pedir consejo y apoyo cuando lo necesites. Acepta los halagos y cumplidos de los demás y aprende a apreciar cómo te valoran los que te rodean.

5. **Confía en ti mismo, en tus capacidades y en tus opiniones.** Sé coherente contigo mismo y actúa siempre de acuerdo con lo que piensas y sientes, sin preocuparte demasiado por la aprobación de los demás. Acéptate tal como eres, con tus cualidades y tus defectos. Quiérete y siente que eres una persona importante y valiosa. No temas expresar tus ideas ante los demás, aunque sientas que tus opiniones son diferentes a las de la mayoría.

6. **Considera los errores como oportunidades de aprendizaje.** Equivocarse es humano. Los errores son necesarios, pues forman parte del aprendizaje. No te centres en reprocharte los errores que has cometido, aprende a extraer la parte positiva que siempre hay en ellos.

7. **Convierte lo negativo en positivo.** Si tienes tendencia a ver el vaso medio vacío, a ponerte siempre en lo peor, esfuérzate por cambiar la dirección de tu pensamiento. Todo pensamiento negativo («¡No sé hacer nada!», «No soy lo suficientemente bueno») puede invertirse y transformarse siempre en un pensamiento positivo («Si me lo propongo, lo conseguiré», «¡Yo valgo!»).

8. **Identifica aquello que puedes cambiar y aquello que no.** Si sientes que no estás satisfecho con determinados aspectos de ti mismo y existe posibilidad de cam-

biarlos, no esperes, empieza ahora mismo. Si se trata de algo que no puedes cambiar, aprende a apreciarte tal y como eres. Identifica qué es lo que te gustaría cambiar y fija metas y objetivos a corto plazo que te ayuden a lograrlo. Ve anotando tus progresos en un diario y sintiéndote orgulloso de cada paso que avances.

9. **Aprende a no generalizar a partir de las experiencias negativas** que puedas tener en ciertos ámbitos de tu vida. Sé consciente de que los fallos y errores que una persona comete en una situación concreta y en un momento específico no afectan necesariamente al resto de su vida.

10. **Comprométete con los demás.** Colabora en una labor social o hazte voluntario de alguna asociación. Siente que aportas algo a la sociedad y que otras personas se benefician de tu ayuda. Aprende a reconocer lo que vales y la capacidad que tienes para ayudar a otras personas.

B

BELLEZA

Una de las cualidades más deseadas por las personas que vivimos en el siglo xxi es la belleza. Las revistas, la televisión, el cine... se encargan de remarcar cada día la importancia de ser bello para conseguir el éxito en la vida. Sin embargo, la realidad se encarga frecuentemente de demostrarnos que la belleza no nos hace felices. Seguro que no te resulta difícil encontrar un ejemplo de una persona extremadamente bella que es también muy infeliz. Por el contrario, hay un aspecto de la belleza que definitivamente sí nos hace felices, y es saber apreciarla. Aunque la sociedad nos presiona para ser bellos, la felicidad no es del bello, sino del que sabe apreciar la belleza, de quien tiene la capacidad para encontrar, reconocer y sentir placer en la existencia de las cosas bellas.

Seguro que alguna vez, mientras contemplabas un bonito paisaje o escuchabas una maravillosa melodía, has sentido que la dicha te embargaba por completo, que tu vello se erizaba, que las lágrimas de emoción acudían a tus ojos... La capacidad de apreciar la belleza de las cosas es inherentemente humana. Una obra de arte, un poema, un atardecer, una persona... vivimos rodeados de cosas bellas y aquel que tiene la capacidad de apreciarlas es todo un afortunado. Hay personas cuyo sentido estético está muy desarrollado y tienen una gran capacidad de apreciar la belleza en las cosas que les rodean. Gracias a esta capacidad, estas personas suelen ser más optimistas y felices, dado que saben extraer siempre el lado positivo de las cosas.

Siempre se ha dicho que la belleza está en los ojos del que mira. Y lo cierto es que la belleza es un atributo subjetivo. Si nos atenemos a la belleza física de las personas, por ejemplo, comprobamos que, en la prehistoria, una mujer hermosa era aquella cuyos atributos femeninos resultaban patentes, con grandes caderas, grandes pechos y vientre pronunciado; en la Antigua Grecia, la belleza estaba relacionada con la armonía y el equilibrio de las formas; en el siglo XVII, las mujeres se consideraban bellas cuando eran redondas, torneadas, entradas en carnes y de formas generosas, como *Las tres Gracias* de Rubens. Los cánones de belleza han ido cambiando con el tiempo, pasando de las curvas a la delgadez que hoy se exalta. La mujer moderna es, por definición, delgada, y este nuevo concepto de belleza no va ya a desprenderse de la estética femenina.

La belleza puede encontrarse en cualquier sitio y no a todas las personas nos parecen bellas las mismas cosas. Al igual que la belleza física, la belleza de una melodía, por ejemplo, también es subjetiva: hay quienes disfrutan de la música clásica y quienes vibran con un solo de guitarra eléctrica.

Aunque hay personas que por naturaleza tienen una mayor capacidad para apreciar la belleza, todos podemos desarrollar esta cualidad. Basta con detenerse a observar el mundo que nos rodea, desacelerar el ritmo frenético que muchas veces envuelve nuestro día a día y dedicar tiempo a disfrutar de las cosas bellas que percibimos a nuestro alrededor. Para desarrollar nuestra sensibilidad estética, no hace falta convertirse en un profesional o en un experto: no es preciso ser crítico de arte para apreciar la belleza de un cuadro, ni ser melómano para sentirse embargado por la belleza de una melodía; basta con mirar y escuchar con atención. Disfruta de un atardecer en tu ciudad, aprovecha para visitar una exposición de arte o de fotografía, o para asistir a un concierto de música, pasea por un parque y contempla los árboles, deléitate con el canto de los pájaros... Vivimos rodeados de belleza, el secreto está en detenerse a apreciarla.

BIENESTAR

Cuando hablamos de bienestar, hacemos referencia a la evaluación que cada persona hace de su propia vida. Esta evaluación incluye dos dimensiones: una dimensión cognitiva, centrada en los aspectos valorativos y que tiene que ver con la satisfacción con la vida en general, y otra dimensión afectiva, centrada en los aspectos emocionales, que se relaciona con el estado de ánimo de las personas y con la frecuencia e intensidad de sus emociones positivas y negativas. Decimos que una persona posee un alto bienestar subjetivo cuando se siente satisfecha con su vida y experimenta muchas emociones positivas. Las personas que dicen sentirse insatisfechas con su vida y que experimentan muchas emociones negativas tienen un bienestar subjetivo bajo.

Si tuvieras que determinar cuáles son las condiciones del bienestar, seguramente podrías pensar que el bienestar de una persona depende, sobre todo, de sus circunstancias externas: tener una bonita casa, un buen coche, un trabajo interesante; vivir en una ciudad con un buen clima; tener mucho dinero...

De manera que sería fácil determinar el nivel de bienestar de cualquier persona conociendo simplemente el conjunto de circunstancias que le rodean. Esto es precisamente lo que durante mucho tiempo consideraron los expertos y gran parte de los estudios científicos sobre bienestar se centraron en lo que se conoce como *bienestar objetivo* o *nivel de vida*, analizando los aspectos externos de la vida de las personas. Sin embargo, en la actualidad sabemos que el bienestar es subjetivo. Sentirnos bien con nuestra vida no depende tanto de factores externos y condiciones objetivas como de la percepción subjetiva que la persona tiene de su vida. El bienestar depende de las aspiraciones, las expectativas, las necesidades y los valores de las personas. Eso no quiere decir que no tenga ninguna relación con factores económicos y sociales, pero sí que esta relación es mucho menos intensa de lo que se había creído en un principio.

Cuando se habla de bienestar, a los investigadores también les interesa lo que ocurre a un nivel más general. ¿Qué circunstancias influyen en el bienestar de un país? Uno de los resultados más sólidos y más sorprendentes es que el bienestar de las sociedades no tiene relación con su riqueza o nivel de desarrollo económico. Los análisis que relacionan el bienestar con la economía de un país nos enseñan que, una vez que se supera el nivel necesario para satisfacer las necesidades básicas de los seres humanos, la correlación desaparece y la riqueza añadida no aporta mayor satisfacción vital. Naciones con un nivel de ingresos muy bajo, como pueden ser algunos países africanos o de Europa del Este, se sitúan siempre en los últimos puestos de la escala del bienestar, y naciones ricas, como la escandinava, siempre ocupan lugares altos de la tabla. Pero entre unas y otras hay decenas de excepciones que rompen esta tendencia y nos demuestran que riqueza y felicidad no caminan unidas: Japón, por ejemplo, no es solo uno de los países más ricos del mundo, sino que además cuenta con una distribución de la riqueza muy igualitaria. Sorprendentemente, en todos los estudios comparativos sobre la felicidad, suele ocupar los últimos puestos. Chile es el país más rico de Sudamérica, pero su grado de felicidad es similar al de Bolivia, el más pobre.

Adam White, profesor de la Universidad de Leicester, en el Reino Unido, publicó a finales del año 2007 un curioso mapa mundial en el que se reflejan los distintos niveles de bienestar de 178 países. El mapa, que fue elaborado a partir de un meta-análisis de datos de más de un centenar de estudios publicados por la UNESCO, la OMS y la CIA, ofrece datos muy interesantes y reveladores. Una vez más, los países escandinavos tienen los mayores niveles de bienestar, mientras que los niveles más bajos pertenecen a los países africanos. Hasta aquí nada nuevo. Sin embargo, encontramos, por ejemplo, que España ocupa el puesto 46, con la misma puntuación en bienestar que Jamaica, Guatemala o la República Dominicana. Estados Unidos, por su parte, posee el mismo nivel de bienestar que países como Venezuela y Malasia. Igualmente desconcertante resulta el hecho de que naciones ricas, como Italia, Francia y Japón, ocupen puestos bajos de la tabla, mientras que países con pocos recursos económicos, como Colombia, Honduras y Panamá, estén por encima de España. Todos estos datos nos dejan claro que el bienestar de los países, al igual que el de las personas individuales que en ellos viven, no depende tanto de circunstancias externas como de variables psicológicas. Se sabe, por ejemplo, que el sentimiento de libertad de una nación es mucho más poderoso en su influencia en el bienestar que la riqueza: vivir en un país democrático eleva el bienestar de sus ciudadanos.

BONDAD

Si traemos a nuestra memoria una imagen de la Madre Teresa de Calcuta y tratamos de definirla con una sola palabra, seguramente la primera que nos venga a la cabeza sea *bondad*. Agnes Gonxha Bojaxhiu nació en la República de Macedonia en 1910. Sintió una vocación religiosa desde muy niña y con apenas 18 años dejó su hogar para convertirse en lo que siempre había deseado ser: misionera. Viajó a Calcuta, en la India, donde fundó la congregación Misioneras de la Caridad y dedicó el resto de su vida a ayudar a la gente más pobre y enferma, enseñando a leer a los niños, ayudando a los ancianos y a los enfermos de lepra y SIDA y fundando escuelas y orfanatos no solo en la India, sino también en otros lugares pobres del mundo. En 1979 recibió el premio Nobel de la Paz, y donó todo su importe a los pobres de Calcuta. El día de su muerte, en 1997, miles de personas se reunieron en la India para despedirla. En el año 2003 fue beatificada por el papa Juan Pablo II.

La bondad es una tendencia o inclinación natural a hacer el bien. Las personas bondadosas transmiten sentimientos de confianza, respeto y cariño, y tienen una gran capacidad para comprender a los demás y sus necesidades. La bondad también implica afecto por el prójimo y ser capaz de entender el sufrimiento ajeno poniéndose en el lugar del otro.

Frente a lo que mucha gente cree, ser bueno no implica ser blando, sumiso, ingenuo o tener poco carácter, más bien al contrario: las personas bondadosas suelen contar con una fuerte personalidad que se manifiesta en una actitud de lucha incansable, optimismo y energía. La bondad es el motor que impulsa a las personas a ayudar a los demás sin esperar nada a cambio. Pero, curiosamente, un comportamiento tan desinteresado como el bondadoso repercute directamente sobre nuestra felicidad. La investigación en psicología ha demostrado que aquellas actividades que van destinadas a favorecer a los demás nos hacen más felices que las que se dirigen a satisfacer nuestros propios deseos. Por ejemplo, se sabe que ejercer el voluntariado influye muy positivamente en la salud física y mental y que, incluso, puede aumentar la longevidad. Desarrollar tareas de voluntariado de forma habitual revierte en nuestra autoestima, en nuestra autonomía y en nuestra capacidad de dotar de sentido la vida. Las personas que realizan labores solidarias y de ayuda a los demás disfrutan más de la vida, poseen mejor concepto de sí mismas y tienen mejor salud. Ayudar a los demás es ayudarse a uno mismo.

Las personas bondadosas tienden a ver lo bueno que hay en los demás y en el mundo. Evitan enjuiciar las actitudes de los otros bajo su punto de vista y no se detienen a buscar las causas, sino a comprender las circunstancias que han puesto a una persona en la situación actual, sin esperar explicaciones ni justificación. Ser bondadoso implica asumir que los demás son importantes, que todos los seres humanos son iguales y tienen los mismos derechos, que dar es más importante que recibir. Cuando una persona es bondadosa, no ayuda solo a sus familiares y amigos: todas las personas son merecedoras de su compasión, y también los animales.

La bondad es una cualidad inherente al ser humano y gracias a ella la especie ha sobrevivido a lo largo de los siglos. Si las personas no fuéramos bondadosas y no nos ayudáramos unas a otras, hubiera sido imposible habitar el mundo durante tanto tiempo. Ayudar a nuestros semejantes, sobre todo en momentos difíciles, es una parte fundamental de nuestro instinto de supervivencia y conservación.

C

CONFIANZA

¿Alguna vez, mientras volabas en avión, has tratado de imaginarte cómo sería el piloto?, ¿joven o mayor, nervioso o tranquilo, tímido o extrovertido, buena o mala persona? Cuando subimos a un avión, ponemos, sin darnos demasiada cuenta, nuestra vida en manos del piloto, y no solo en sus manos, sino también en las de los mecánicos que revisaron el aparato antes del despegue y en las de los controladores que organizan el tráfico aéreo. Si no confiáramos en el buen hacer de todas estas personas, difícilmente tendríamos valor para surcar el cielo. Lo mismo ocurre cuando viajamos en cualquier otro transporte público, nos sometemos a una operación e incluso cuando vamos a comer a un restaurante. Toda nuestra vida está basada en la confianza que depositamos en las personas que nos rodean. Si fuéramos incapaces de confiar en los demás, no podríamos llevar una vida normal y viviríamos constantemente acosados por el temor y la incertidumbre. Confiamos en los otros sin conocerlos porque asumimos que las personas son básicamente buenas y confiables y que el mundo en el que vivimos es amable y benevolente. Todas las relaciones humanas están basadas en la confianza mutua.

La confianza que depositamos en los demás se basa en la suposición de que sus intenciones son buenas, de que son personas bondadosas, cabales y morales. De forma casi automática, asumimos que todo el mundo es confiable hasta que se demuestre lo contrario. Se trata de un tipo de confianza generalizada que nos permite relacionarnos con nuestros semejantes y compartir el mundo con ellos. Al lado de esta confianza a gran escala encontramos otro tipo de confianza (que junto a la confianza en uno mismo, o autoestima, completan los tres niveles del triángulo de la confianza humana) más específica que depositamos en quienes tenemos cerca. Confiamos en nuestra familia, en nuestros amigos, en nuestros compañeros de trabajo... y lo hacemos porque los conocemos y sabemos, o creemos saber, cómo son y cómo se comportan. Curiosamente, este nivel de confianza más íntimo es el más frágil y el que se rompe con mayor facilidad. La infidelidad de una pareja o la traición de un amigo son situaciones que hacen tambalear los pilares de la confianza, y a veces recuperarla es un trabajo que requiere esfuerzo y tiempo.

Cuando confiamos en alguien, establecemos una hipótesis sobre su conducta futura, es decir, anticipamos que se va a comportar de una determinada manera. En el fondo, confiar es realizar una especie de apuesta, con la dosis de riesgo que ello conlleva. Cuando confiamos en alguien, nos estamos arriesgando. Al depositar nuestra confianza en alguien, creemos en lo que nos dice y asumimos que actuará de manera adecuada en una determinada situación. No nos inquietamos por la falta de control que tenemos sobre la otra persona y su voluntad, simplemente nos fiamos de ella.

Confiar en los demás es una cualidad que nos permite comunicarnos mejor con quienes nos rodean. Junto a las personas en quienes confiamos nos sentimos tranquilos, protegidos, seguros. Alcanzar la confianza plena en una persona es establecer con ella un vínculo muy poderoso. Sin embargo, la confianza no debe ser ciega, es importante saber en quién se puede confiar y a quién dar nuestra confianza, equilibrando la confianza con la precaución, poniendo límites y no excediéndose ni en la confianza que uno da ni en la que deposita en los demás.

Lógicamente, hay personas más confiadas que otras por naturaleza. Sin embargo, nuestra biografía también nos condiciona. Según cómo hayan sido nuestras experiencias vitales, seremos confiados o recelosos. Quien haya sido engañado en alguna ocasión, se acercará al otro con miedo; mientras que quien haya vivido siempre relaciones honestas, se acercará a los demás con confianza plena.

Las personas desconfiadas suelen ser inseguras, piensan que los demás se quieren aprovechar de ellas, hacerles daño o engañarlas. Esto les lleva a aislarse de los demás, pensando que el mundo entero está en su contra. Vivir en la desconfianza es altamente estresante y socava, con el tiempo, las relaciones sociales. Por eso aprender a confiar en los demás es tan importante.

Recupera la confianza en los demás...

Si has perdido la confianza en tu pareja o en un buen amigo y quieres recuperarla por el bien de la relación, debes aprender a:

• **Perdonar.** La pérdida de confianza en una persona cercana suele estar provocada por el incumplimiento de una promesa por su parte. La infidelidad, la traición y la mentira son los detonantes que hacen saltar la confianza

---

por los aires. Perdonar esta falta es el primer paso para recuperar la confianza perdida. Tómate el tiempo que precises para hacerlo y, cuando por fin te sientas preparado, estarás abriendo la puerta necesaria para volver a dejar pasar la confianza.

- **Comunicarte.** La falta de comunicación genera desconfianza. El paso del tiempo y la rutina pueden ser los peores enemigos de la comunicación entre dos personas, que se van distanciando cada vez más y terminan siendo extraños en los que resulta muy difícil confiar. No rompas nunca el hilo de comunicación con las personas que quieres. Poder hablar de tus sueños, tus miedos, tus deseos y tus frustraciones es la base de la confianza, y recuperarla pasa, necesariamente, por mejorar la comunicación.

- **Ser sincero.** Confiar en los demás implica ser capaz de sincerarse con ellos. Abrirse a otra persona solo es posible cuando existe confianza, pero, a la vez, la confianza solo se establecerá entre dos personas que son sinceras la una con la otra. No esperes a que sea el otro quien dé el primer paso, establece tú las reglas del juego y plantea lo que sientes y piensas desde la sinceridad del corazón. Solo entonces podrás recuperar la confianza que un día perdiste.

CREATIVIDAD

¿Qué tienen en común Pablo Picasso, Albert Einstein, Miguel de Cervantes, Steven Spielberg y Bill Gates? A todos los reconocemos con facilidad porque en diferentes épocas de la historia han brillado en diversos campos de la ciencia, las artes y la tecnología por su ingenio, su talento y su capacidad creadora.

La creatividad es una de las características humanas que más valora y reconoce la sociedad. No encumbramos ni premiamos a la persona feliz o a la optimista, pero sí a la persona creativa: piensa en los numerosos galardones y reconocimientos destinados a quienes encuentran soluciones ingeniosas a problemas difíciles, o a los que son capaces de sacar de su cabeza novelas, películas y obras de arte.

Cuando el hombre primitivo descubrió el fuego, lo hizo gracias a su creatividad. La rueda, la bombilla, el teléfono, el motor... todos los grandes inventos de la humanidad han nacido de la mente creativa de personas que fueron capaces de pensar en lo impensable. Por eso, la creatividad es tan sumamente importante en la evolución de nuestra especie. En realidad, todo lo que el hombre es hoy en día se lo debe a los avances que han llevado a cabo personas creativas a partir del desarrollo de soluciones innovadoras e ingeniosas a los problemas humanos.

La creatividad es la capacidad de crear cosas nuevas y valiosas. La creatividad nos permite tomar elementos conocidos y combinarlos de una manera original para resolver problemas. Una persona creativa es aquella cuya mente está siempre en funcionamiento, que cuestiona la realidad y se hace preguntas cuando los demás asumen como satisfactorias las respuestas. Las personas que destacan por su creatividad tienen tendencia a abrir su mente a nuevas experiencias, su pensamiento tiende a ser más flexible y tolerante con la ambigüedad, y poseen una mayor resistencia a la frustración. Suelen ser muy independientes, con altos niveles de motivación, especialmente sensibles y receptivas, y les gusta asumir riesgos. Este conjunto de rasgos que comparten las personas creativas nos demuestra que la creatividad es una capacidad que depende, en gran medida, de la personalidad de cada uno. Por supuesto, hay personas más creativas que otras. Pero incluso las más creativas no pueden serlo en cualquier momento, sino que necesitan un ambiente favorable que les permita desarrollar su talento creativo. La creatividad, por tanto, requiere constancia, esfuerzo y aprendizaje. Como decía Salvador Dalí, «que la musa de la inspiración te pille trabajando». La creatividad no depende de entes divinos ni de características excepcionales, sino que es el resultado de la confluencia de características personales, habilidades cognitivas, conocimientos técnicos, circunstancias sociales y culturales, recursos y, en buena medida, suerte.

A lo largo de la historia de la humanidad ha habido muchas personas que han destacado por su creatividad, grandes genios creativos que tienen un lugar reservado en los libros y las enciclopedias. Pero no debemos olvidar que la creatividad no está presente solo en los grandes artistas, científicos y genios. Es una característica que todos poseemos y ponemos en marcha en nuestra vida diaria. La creatividad no es algo excepcional al alcance de unos pocos elegidos, sino un atributo de todas las personas y, al igual que sucede con el resto de capacidades humanas, todos podemos desarrollar y mejorar nuestra creatividad.

Potencia tu creatividad...

Existen muchas técnicas para aumentar y desarrollar la capacidad creativa. A continuación te presentamos algunas de ellas:

• **Mapas mentales.** Se trata de una técnica gráfica desarrollada por el psicólogo Tony Buzan que consiste en plasmar gráficamente un tipo de pensamiento conocido como *pensamiento irradiante*. El resultado final es una especie de célula con muchas ramificaciones que representan diferentes hilos de pensamiento. Los mapas mentales nos permiten estimular y organizar nuestras ideas en torno a problemas concretos.

Toma una hoja de papel y escribe justo en el centro una palabra que defina el problema o asunto principal que vayas a analizar (también puedes hacer un dibujo). Ve añadiendo todas las ideas que relaciones con esa palabra central utilizando líneas y ramificaciones de tamaños, formas y colores distintos. Anímate a utilizar dibujos, imágenes y colores, que, además de ayudarte a recordar la información, añadirán interés, belleza e individualidad a tu mapa mental. Existen varios programas de ordenador que permiten realizar mapas mentales directamente en la pantalla.

• **Lluvia de ideas.** Es una técnica muy útil, sencilla y efectiva para generar ideas en grupo, que desarrolló el publicista Alex Osborn en los años treinta. Reúnete con un grupo de amigos o compañeros de trabajo entre los que queráis solucionar un problema o poner en marcha un nuevo proyecto. Debéis ir diciendo y apuntando todas las ideas que se os ocurran, sin límites ni barreras. Las críticas están prohibidas y cualquier idea debe ser bienvenida. Marcaos un tiempo de trabajo y vuestra meta será apuntar tantas ideas como sea posible, cuantas más, mejor. Podéis comenzar con un entrenamiento previo que os ayude a poner en funcionamiento el engranaje de la imaginación y calentar motores: por ejemplo, objetos que se pueden comprar en una papelería. Una vez que tengáis todas las ideas, podéis empezar a trabajar con ellas, matizando y mejorando algunas, desechando otras; también se pueden agregar otras ideas. Se trata de ir puliendo toda la lluvia de ideas que se ha generado hasta quedarse con la que sea mejor y más completa.

• **Seis sombreros para pensar.** Es una herramienta desarrollada por el psicólogo Edward de Bono que consiste en expandir el pensamiento en toda su amplitud. Te será de gran utilidad cuando necesites resolver cualquier problema, pues te va a permitir afrontarlo desde diferentes perspectivas y llegar a soluciones creativas. Solo debes imaginar que tienes seis sombreros de distinto color. Cada uno de ellos representa una manera concreta de abordar un problema, un estilo de pensamiento distinto. Ahora imagina que te vas poniendo sucesivamente cada uno de los sombreros en la cabeza y trata de encontrar soluciones al problema pensando única y exclusivamente tal y como te indica el sombrero que en ese momento llevas puesto:

1. **Sombrero blanco:** céntrate exclusivamente en los datos disponibles.

2. **Sombrero rojo:** utiliza la intuición, los sentimientos y las emociones.

3. **Sombrero negro:** actúa con cautela y resalta los aspectos negativos del problema.

4. **Sombrero amarillo:** piensa en positivo, sé optimista y encuentra los beneficios.

5. **Sombrero verde:** utiliza un pensamiento creativo, abre tu mente a asociaciones que normalmente no harías, improvisa, usa tu imaginación.

6. **Sombrero azul:** es el sombrero de cierre, resume y establece tus conclusiones.

La mayoría de la gente cree que el pensamiento creativo se potencia en los estados de infelicidad o tristeza, de manera que las emociones negativas actuarían como un motor para la creatividad. Esta creencia suele apoyarse en la existencia de famosos personajes históricos que fueron muy creativos y padecieron trastornos del estado de ánimo, como Virginia Woolf, Vincent Van Gogh, Edgar Allan Poe... El mito del genio melancólico viene de muy antiguo; ya estaba presente en Aristóteles y se vio reforzado en el siglo xix durante el Romanticismo. Lo cierto es que no resulta difícil imaginar a un escritor o a un pintor torturado y melancólico mientras escribe una novela o pinta un cuadro, pero la cosa cambia si se trata de un arquitecto que diseña un edificio, un director de cine detrás de la cámara, un médico que inventa una vacuna, un diseñador de moda mientras crea un vestido... Más allá de los límites del arte y la literatura, el mito del genio melancólico no se sostiene y es fácil darse cuenta de que, incluso en estos campos, por cada genio melancólico podemos encontrar varias decenas de genios felices.

Precisamente, y al contrario de lo que se suele creer, más de veinte años de estudios científicos han demostrado que cuando las personas se sienten alegres y contentas, su pensamiento es más creativo, integrador, flexible y abierto a la información. Los datos científicos no avalan la relación entre creatividad y emociones negativas, más bien al contrario, son las emociones positivas las que favorecen la creatividad. Y no hay mejor manera de demostrarlo que comprobarlo uno mismo: durante el próximo mes, lleva un diario en el que vayas registrando las distintas emociones, positivas y negativas, que sientes cada día, así como las actividades que realizas. Dedica una columna a tus emociones y otra a las actividades, pensamientos e ideas que tengas también cada día. Al final del mes, comprueba qué tipo de ideas y actividades se han asociado a las emociones positivas y cuáles a las emociones negativas. Casi con toda seguridad comprobarás que, cuando estás triste o enfadado, tu mente se centra en dar vueltas a los problemas e ideas que te atormentan, dejando de lado todo lo demás, mientras que, cuando estás alegre y feliz, tu mente se expande y fluye hacia nuevas ocurrencias y proyectos.

CURIOSIDAD

Dicen que la curiosidad mató al gato, y seguramente tienen razón. Los seres humanos somos curiosos por naturaleza, nos gusta enterarnos de la vida de los demás, conocer los éxitos y también los fracasos ajenos, nada nos genera más curiosidad que ver un montón de gente reunida en torno a algo y difícilmente podemos resistirnos a la visión de un accidente o a una ambulancia con la puerta abierta. Pero no es este tipo de curiosidad al que nos referimos en estas líneas, sino que hablamos de la curiosidad intelectual, aquella que nos impulsa a conocer el mundo en el que vivimos y que es el motor del progreso humano.

La curiosidad es un comportamiento inquisitivo natural que poseemos no solo los seres humanos, sino todos los animales con los que compartimos el planeta. Gracias a la curiosidad, los seres vivos investigan, exploran y aprenden de su entorno. En el caso concreto de las personas, la curiosidad nos impulsa a no cerrar los ojos al mundo, a interesarnos por las cosas que pasan a nuestro alrededor y a buscar soluciones nuevas a los problemas con los que nos enfrentamos. Las personas intelectualmente curiosas están abiertas a nuevas experiencias, son tolerantes, inteligentes y activas. Por el contrario, cuando la curiosidad intelectual falta, las personas son cerradas, pasivas y poco creativas.

Por debajo de la curiosidad intelectual subyace la necesidad de las personas de conocer el porqué y el para qué de las cosas, no quedarse nunca satisfecho con la respuesta que se tiene y buscar siempre más. Cuando somos niños, alrededor de los 3 años de edad, todos atravesamos la etapa del *porqué*. La insaciable curiosidad de los niños les lleva a querer saber el porqué de todas las cosas, y las explicaciones de los adultos, lejos de dejarles satisfechos, suelen ser recibidas con un nuevo aluvión de preguntas. Esta etapa tan agotadora para los adultos es realmente importante en el desarrollo del niño que comienza a abrirse a un mundo lleno de posibilidades y misterios por desvelar. Si como padres no atendemos a estas demandas de saber de nuestros hijos, éstos entenderán que el ansia de conocimiento es algo negativo y poco a poco irán perdiendo el interés por el mundo que les rodea. Por eso hay que responder siempre a estas preguntas, diciendo la verdad y tomándose auténtico interés en saciar la expectación del niño. La curiosidad intelectual es una fortaleza humana que puede y debe ser estimulada desde que somos pequeños.

Pero la curiosidad intelectual no solo es importante durante la infancia. Varios estudios llevados a cabo en los últimos años han demostrado que las personas intelectualmente curiosas son más longevas. Además, se sabe que mantener la mente activada puede ayudar a prevenir enfermedades tan duras como el Alzheimer. Las personas que se mantienen intelectualmente activas aumentan el número de sinapsis o interconexiones neuronales, de manera que su cerebro permanece sano durante más tiempo. El profesor de neurobiología e investigador de la Universidad de California Frank LaFerla asegura que estimular la mente con actividades como la lectura o completar crucigramas ayuda a retrasar o a prevenir el Alzheimer en las personas de edad avanzada. Como dijo una vez el prestigioso premio Nobel de Medicina (1906) Santiago Ramón y Cajal: «Se es verdaderamente anciano, psicológica y físicamente, cuando se pierde la curiosidad intelectual. No deben preocuparnos las arrugas del rostro, sino las del cerebro».

D

DESEO

Marca la tradición que el día de nuestro cumpleaños, antes de soplar las velas de la tarta, pidamos un deseo, y, si lo hacemos en voz baja, sin revelárselo a nadie, nos será concedido. ¿Quién no ha soñado alguna vez con encontrar la lámpara maravillosa de Aladino y frotarla para que su genio le conceda tres deseos? Los seres humanos deseamos cientos de cosas durante toda nuestra vida. Muchos de nuestros deseos se cumplen y otros muchos nunca llegan a hacerse realidad.

La filosofía antigua consideraba los deseos como pasiones del alma que interferían negativamente con la razón y el pensamiento. Aún en nuestra sociedad moderna, para muchas personas, el deseo es una trampa, una pulsión irracional que nos complica la vida y nos lleva a tomar decisiones ilógicas. El deseo sexual o el enamoramiento bien pueden abordarse desde esta perspectiva. Pero el deseo puede ser considerado también como un acto deliberado y racional que nace de un análisis reflexivo de la realidad que nos rodea. Desear un trabajo mejor o tener un hijo no son, ni mucho menos, pulsiones irracionales ni ilógicas. Como ocurre siempre que se habla de la compleja mente humana, es más conveniente considerar complementaria que opuesta, esa mezcla de razón y pasión que nos es tan propia.

Los deseos humanos tienen una razón de ser y una función práctica muy importante: son los motores de nuestra conducta. El deseo es un impulso que nos motiva a esforzarnos y a luchar por aquello que queremos. Si las personas no tuviéramos deseos, nada avanzaría y nos conformaríamos siempre con lo que nos ha tocado sin esforzarnos por cambiar y mejorar.

Sabemos que, por mucho que deseemos algo, no siempre podemos lograrlo, y ser capaces de manejar la frustración que un deseo no satisfecho genera es una de las claves más importantes para mantener una buena salud mental. En los últimos tiempos, sin embargo, han surgido algunas corrientes que afirman que es posible alcanzar cualquier cosa a fuerza de desearla. El enorme éxito mediático de estas teorías no responde, por desgracia, a su valor real. El poder de la mente humana no logra modelar la realidad a nuestro antojo, de manera que desear algo, por muy poderoso que ese sentimiento sea, no nos lleva a conseguirlo. La ley de la atracción, que afirma que el ser humano es capaz de alcanzar lo que desea solo con pensarlo, dice basarse en la física cuántica o rama de la física que estudia el comportamiento de la materia a pequeñísima escala, como los átomos. Así, los pensamientos serían como átomos capaces de generar un poderoso halo de energía que actuaría como un imán atrayendo aquellas cosas compuestas por átomos similares. En este orden de cosas, si alguien desea ser rico, basta con que piense en el dinero para atraerlo, o, si alguien desea a una persona, no tiene más que pensar en ella para tenerla a su lado. Frente a lo atractivo de esta fórmula mágica, la física cuántica —válida a niveles nuclear, atómico y subatómico, y con aplicaciones en la medicina, la electrónica o la tecnología— poco tiene que decir en el pensamiento humano. El campo energético de un pensamiento es absolutamente limitado e incapaz de generar ningún tipo de atracción atómica. A pesar de que no existe sustento científico, los defensores de esta teoría racionalizan sus carencias hasta tal punto que resulta imposible arremeter contra ella: si nos ocurre algo bueno, es por la ley de la atracción: si eso bueno no nos ocurre, es que no supimos aplicarla. Si deseas algo con todas tus fuerzas, lo terminas atrayendo, y si no lo consigues, es que no lo deseaste lo suficiente.

Es hora de dejar de lado el pensamiento mágico y desarrollar nuestro pensamiento crítico. En lugar de basar el éxito y el fracaso en una ley seudocientífica hagámoslo en nuestro esfuerzo y en nuestro talento. Desear es importante no porque el mero hecho de hacerlo nos vaya a conducir al éxito, sino porque es la fuerza que nos impulsa a luchar por nuestros sueños. Serán las conductas que pongamos en marcha las que determinen si logramos satisfacer nuestros deseos, y nada hay más cierto que no siempre lo lograremos. Ser conscientes de las limitaciones de nuestros deseos y aceptar que no obtenemos todo lo que deseamos es parte fundamental de nuestro desarrollo como seres humanos, y dar a entender lo contrario puede hacer mucho daño a las personas. Si a un niño no se le enseña a manejar la frustración que genera el deseo insatisfecho, la vida será para él muy difícil. El manejo eficiente de la frustración de los deseos no satisfechos es una de las asignaturas pendientes de los seres humanos del siglo xxi.

DISFRUTE

Disfrutar de la vida debería ser declarado derecho universal para todos los seres humanos. Porque vida no hay más que una, al menos que sepamos, y pasar por este mundo sin disfrutarla es un gran error. Por desgracia parece más fácil decirlo que hacerlo. Aunque todos somos conscientes de la importancia que tiene disfrutar, a la hora de la verdad nos encontramos con un buen montón de obstáculos para conseguirlo: los problemas, las preocupaciones cotidianas, el ritmo de vida acelerado, la falta de tiempo, el estrés... hacen que literalmente nos olvidemos de disfrutar del día a día. Porque el disfrute no está reservado a nuestro mes de vacaciones o a las fechas especiales; para sacarle todo el jugo a la vida tenemos que aprender a disfrutar cada día de todos esos pequeños detalles que tiene nuestra existencia.

Lo primero que debemos tener presente es que, para disfrutar, no hace falta tener mucho dinero, una casa en la playa o un yate. Disfrutar de la vida es más una actitud, que nace de nuestro interior, que un conjunto de circunstancias externas. Recuerda que el disfrute no depende de lo que uno hace, sino de cómo lo hace. Hay personas que podrían estar tomando el sol con una bebida refrescante en la mano en la cubierta del yate más lujoso, o paseando con la persona a la que quieren por la orilla del mar durante un atardecer maravilloso, y seguirían siendo incapaces de disfrutar del momento. Y es que hay quienes, inconscientemente, no son capaces de disfrutar de la vida, simplemente la pasan sufriendo y atormentándose con constantes problemas reales e imaginarios.

En segundo lugar, para poder disfrutar tenemos que sentirnos bien con nosotros mismos y estar conformes con nuestra manera de afrontar las distintas situaciones que se nos presentan. Disfrutar, no es escapar de los problemas ni negarlos, sino relativizarlos y observarlos desde la distancia suficiente como para poder sentirnos dueños de la situación y con capacidad para controlarlos. Muchos de los problemas que nos atormentan no tienen la importancia que les damos y, en otros casos, basta con dar con la solución correcta. Debemos aprender a relativizar nuestros problemas y empezar a disfrutar de todas esas pequeñas cosas que nos va deparando la vida, porque si aquello que te angustia tiene arreglo, ¿para qué preocuparse?, y si por desgracia no lo tiene, ¿para qué preocuparse?

En tercer lugar, para disfrutar hay que desacelerar el ritmo de vida. Las prisas, la continua sensación de falta de tiempo, el estrés... De vez en cuando tenemos que bajarnos de ese tren rápido que nos lleva a nuestro destino a toda prisa pero que no nos deja ver el paisaje a través de la ventana y subirnos a un tren de madera, sin cristales en las ventanas, que viaje despacio y apaciblemente mientras contemplamos toda la belleza que pasa ante nuestros ojos.

En la ecuación del disfrute entran en juego la satisfacción y el placer. Mientras disfrutamos, nos sentimos satisfechos, llenos de vida e ilusión, dejamos que lo positivo lo inunde todo. Pero disfrutar tiene consecuencias positivas que van más allá de sentirnos bien en un momento puntual. El disfrute se relaciona estrechamente con la salud física y mental, ya que, cuando disfrutamos, aliviamos el estrés que tanto daño nos hace. Aprender a disfrutar de la vida es una inversión en salud a largo plazo.

DINERO

La mayoría de las personas acepta como principio general que el dinero no da la felicidad; sin embargo, todos piensan que, si tuvieran un poco más de dinero, serían definitivamente más felices. Si preguntamos a una persona al azar si un aumento del 25% de sus ingresos la haría más feliz, prácticamente sin ninguna duda afirmará que sí y, no obstante, se ha comprobado que, cuando esto sucede, las personas no son más felices. El dinero no está en este diccionario por su capacidad de generar felicidad, sino al contrario, pues, pese a lo que la mayoría de nosotros creemos en nuestro fuero interno, el dinero no puede comprar la felicidad. Si el dinero diera la felicidad, las personas más ricas de este planeta serían también las más felices, y las más pobres, las más infelices. Los datos se encargan de desarmar esta ecuación una y otra vez. Puede parecer un tópico, pero lo cierto es que hay cosas que el dinero no puede comprar, y son precisamente esas cosas incomprables las que nos hacen más felices. Por ejemplo, se sabe que la calidad de nuestras relaciones personales tiene un efecto muchísimo mayor en la felicidad que la cantidad de dinero que tenemos.

Los datos experimentales que manejamos nos enseñan que, una vez que se supera el nivel económico que permite satisfacer nuestras necesidades básicas, la economía no tiene ninguna relación con el nivel de felicidad. La investigación ha cifrado en 15.000 dólares (unos 11.500 euros) anuales los ingresos mínimos para ser feliz. A partir de esta cifra, poder adquisitivo y felicidad no crecen al mismo ritmo. Es cierto que la pobreza extrema puede causar una profunda infelicidad, pero, una vez que se supera ese nivel, la correlación entre ingresos y felicidad es muy baja.

Una buena manera de comprobar si realmente el dinero da la felicidad es preguntando a quienes más dinero tienen. Esto es precisamente lo que hicieron los investigadores estadounidenses Ed Diener, Jeff Horwitz y Robert A. Emmons a mediados de los años ochenta. Enviaron un cuestionario a las cien personas más ricas del planeta que cada año publica la revista *Forbes*. Cuarenta y nueve de ellas respondieron. Los resultados mostraron que el 37 % era menos feliz que la media norteamericana y que el 63 % restante solo era un poco más feliz que la media. Además, todos coincidieron en asegurar que el dinero no daba la felicidad.

Habiendo comprobado que las personas más ricas de este planeta no eran especialmente más felices que el resto, quedaba investigar en el otro extremo de la tabla. ¿Serían las personas más pobres del mundo también las más infelices? En el año 2001, Ed Diener entrevistó a 83 habitantes de los suburbios de Calcuta (India) y les pidió que respondieran a una escala de tres puntos sobre satisfacción vital y bienestar subjetivo en la que dos era considerado el punto neutro de felicidad. Las personas que entrevistó pertenecían a tres grupos sociales diferentes: pobres que vivían en chabolas, prostitutas que residían en burdeles y vagabundos que dormían en la calle. Los datos de la encuesta revelaron que la satisfacción general con la vida de todos ellos era ligeramente negativa (1,93), pero no demasiado inferior a la de los estudiantes de clase media de la Universidad de Calcuta (2,43). De los tres grupos, los habitantes pobres de los barrios bajos eran los más felices, con un promedio de 2,23, muy similar al de los estudiantes universitarios. Además, encontraron niveles altos de felicidad en dominios específicos de la vida; por ejemplo, los tres grupos entrevistados dijeron estar muy satisfechos en relación con su familia (2,5) y con sus amigos (2,4).

Estudios como los que acabamos de reseñar demuestran con bastante contundencia que la riqueza no lleva asociada la felicidad, de la misma manera que la pobreza no es necesariamente portadora de infelicidad. La felicidad de las personas no pasa por el dinero que poseen en su cuenta corriente.

El desarrollo económico de un país tampoco se relaciona con la felicidad de sus habitantes. Desde hace más de treinta años, Estados Unidos mantiene niveles de felicidad similares mientras que su nivel económico se ha triplicado en este tiempo. Algo similar sucede en Europa, donde los niveles de satisfacción con la vida solo han aumentado muy ligeramente en los últimos veinte años. España no es una excepción. Los españoles hemos aumentado nuestra riqueza de forma muy notable en las últimas décadas y, sin embargo, nuestros índices de felicidad no han crecido en consonancia.

Los psicólogos han encontrado dos factores que pueden ayudarnos a comprender la escasa relación entre felicidad y dinero: la adaptación, o habituación, y la comparación social, o, lo que es lo mismo, nos acostumbramos demasiado rápido al nuevo tren de vida y nos comparamos con personas más afortunadas. No se puede negar que las personas nos adaptamos con gran celeridad y de forma inevitable a lo bueno que nos sucede en la vida, y no tardamos en darlo por supuesto. Un ascenso en el trabajo, un coche nuevo, una casa más grande... recibimos cualquier cambio a mejor con alegría e ilusión, pero, con el tiempo, esa inicial algarabía se va moderando y finalmente nos acostumbramos a la nueva situación hasta que deja de parecernos novedosa y perdemos la ilusión. Este fenómeno tan típicamente humano se conoce como *rueda de molino hedonista*, e implica que cuando conseguimos un objetivo nuestras expectativas aumentan y, para seguir siendo felices, necesitamos conseguir un nuevo objetivo, que a su vez quedará superado por uno nuevo cuando lo alcancemos. Es decir, siempre habrá algo nuevo que lograr. Por eso pensamos que un poco más de dinero nos haría más felices, pero cuando esto sucede nos damos cuenta de que no es así, pues nunca estamos satisfechos en lo que a dinero se refiere. Cuanto más tenemos, más queremos.

El otro factor del que hablábamos, la comparación social, ha quedado demostrado en numerosos estudios. Cuando de dinero se trata, no nos importa tanto lo que tenemos como si tenemos más que nuestro vecino de al lado. Tras la unificación de Alemania, por ejemplo, los niveles de felicidad de los alemanes del Este cayeron en picado, pues pasaron de compararse con ciudadanos del bloque soviético a mirarse en el espejo del estilo de vida de sus vecinos de la Alemania Occidental, mucho más ricos y espléndidos.

Imagina que tuvieras la oportunidad de decidir en cuál de estos dos mundos imaginarios vivir: en el primero ganarías 50.000 euros al año y el resto de habitantes ganaría 25.000; en el segundo, ganarías 100.000 euros al año y el resto ganaría 250.000. Ten en cuenta que el coste de la vida sería exactamente el mismo en ambos casos. Casi con toda seguridad, preferirías vivir en el primer mundo, aquel en el que tú ganas más que el resto de tus vecinos, aunque se trate de una cantidad sustancialmente menor que la que recibirías en el segundo mundo.

La próxima vez que veas una vuelta ciclista, una competición de atletismo o unos juegos olímpicos, presta atención a cómo se comportan los ganadores en el podio. Comprobarás que, curiosamente, los deportistas que han ganado la medalla de bronce están más contentos y sonríen más que los que han conseguido la medalla de plata. Esto es así porque los terceros se comparan con todos los deportistas que no ganaron medalla, mientras que los segundos lo hacen con el que ganó el oro. Como ves, la tendencia de las personas a compararse siempre con sus semejantes obstaculiza muchas veces su felicidad y disfrute.

De todas formas, más que el dinero en sí, lo que influye en la felicidad o la infelicidad de las personas es la importancia que éstas le otorgan. Quienes conceden mucha importancia a lo material y su objetivo principal en la vida es ganar mucho dinero son un poco menos felices que los demás y experimentan sintomatología ansiosa y depresiva con mayor frecuencia.

Estudios recientes también han mostrado que lo importante del dinero en su relación con la felicidad es cómo lo utilizamos. Gastar cien euros en invitar a un buen amigo a comer nos reportará más felicidad que invertirlos en comprar un vestido. El dinero que se gasta en vivir experiencias nos genera más felicidad que el dinero que empleamos en cosas materiales. Un viaje, una cena con amigos, unas entradas para el teatro... son inversiones mucho más satisfactorias que un bolso, unos zapatos o un teléfono móvil más moderno.

E

EMOCIONES POSITIVAS

Antes de continuar leyendo, coge una hoja en blanco y dedica medio minuto a escribir una lista de las emociones que te vengan a la cabeza.

Casi con toda seguridad habrás escrito muchas más emociones negativas que positivas. No ha mediado aquí la magia ni la adivinación, simplemente las personas tienden a encontrar más dificultades para nombrar emociones positivas que negativas. Esto se debe a que la cantidad de palabras de las que disponemos en nuestro lenguaje cotidiano para ambos tipos de emociones es distinta: existen muchas más palabras y matices para referirse a las emociones negativas que a las positivas. En concreto, los psicólogos han comprobado que, por cada tres o cuatro emociones negativas, solo somos capaces de nombrar una emoción positiva. Miedo, cólera, tristeza, alegría, sorpresa, asco, culpa, vergüenza y ansiedad son emociones que los psicólogos denominan *básicas*, porque pueden diferenciarse y reconocerse en todas las culturas del mundo. De todas ellas, solo dos son positivas: la alegría y la sorpresa. Las demás son emociones negativas.

Ya que a las personas nos cuesta más dar nombre a las emociones agradables que a las desagradables, no sería ilógico

Reference 937-8221
Circulation 937-8416

Library name: CHAVEZ
User ID: 20091137274

Author: Vera Poseck, Beatriz, 1979-
Title: Diccionario de la felicidad
Item ID: 50000006288582
Date due: 8/12/2013,23:59
Call number: 170 VER

M 12-8
Tu & Th 10-6
W 1-6
F 10-5
Sa & Su Closed

ww.ssjcpl.org

preguntarse si este desequilibrio influye en la frecuencia con que experimentamos unas y otras emociones, es decir, ¿es posible que experimentemos menos sentimientos positivos que negativos? La respuesta es afirmativa, pero con un importante matiz: no es que no sintamos emociones agradables, sino que muchas veces no nos damos cuenta de que las estamos experimentando. La realidad es que somos menos conscientes de nuestros estados emocionales agradables que de los desagradables, y por eso podemos tener la sensación de que experimentamos más emociones negativas que positivas. Como veremos más adelante, una de las claves para aumentar nuestras emociones positivas es aprender a reconocerlas.

Las emociones negativas son desagradables y dolorosas, todos preferiríamos no experimentarlas nunca. Sin embargo, no es malo experimentar emociones negativas; muy al contrario, son estrictamente necesarias para el ser humano, ya que cumplen una función primordial en su supervivencia y tienen un valor adaptativo importantísimo: servir como alertas para prevenir sobre los peligros del entorno. Imagina una persona que fuera incapaz de sentir miedo aun en las situaciones en las que su vida corriera serio peligro, o que no pudiera experimentar ira ante humillaciones contra su dignidad. Como ves, las emociones negativas nos ayudan en nuestra tarea de vivir y, sin ellas, estaríamos perdidos.

Ilusión, amor, alegría, gozo, entusiasmo, esperanza, interés, curiosidad, humor, plenitud, júbilo, regocijo... Todos tenemos muy claro lo bueno que es experimentar estas emociones y lo bien que nos sentimos cuando aparecen. Sin embargo, lo que no parece estar tan claro es el valor adaptativo de las emociones positivas, que es definitivamente más complicado de explicar que el de las emociones negativas y que, durante mucho tiempo, la mayoría de los psicólogos ha ignorado e incluso negado. Ahora bien, si las emociones positivas no fueran valiosas para nuestra supervivencia, ¿por qué habrían permanecido con nosotros a lo largo de tantísimos años de evolución? Las emociones positivas tienen un objetivo trascendente y evolutivo que va más allá de las sensaciones placenteras que nos proporcionan. Cuando experimentamos emociones positivas, desarrollamos estados mentales y modos de comportamiento que nos preparan para afrontar con éxito todo tipo de dificultades y adversidades futuras. Las emociones positivas amplían nuestros recursos intelectuales, físicos y sociales y los hacen más duraderos, a la vez que aumentan el capital psicológico al que podemos recurrir cuando nos enfrentamos a una amenaza o a una oportunidad. A diferencia de las limitaciones y focalizaciones que induce la emoción negativa, cuando se experimentan emociones positivas, nuestra actitud mental es expansiva, tolerante y creativa, lo que se traduce en crecimiento y desarrollo personal.

El estado de ánimo positivo nos hace adoptar una forma de pensamiento totalmente distinta al negativo. Cuando nuestro ánimo está dominado por las emociones negativas, nos centramos exclusivamente en nuestros problemas, con el fin de eliminarlos, y dejamos de lado todo lo demás. El estado de ánimo positivo, en cambio, nos hace adoptar un pensamiento creativo, tolerante, constructivo y generoso. Pero, frente a lo que puede parecer, la actitud positiva no debe sustituir de forma definitiva a la actitud negativa; la clave está en saber cuándo es necesario adoptar una y cuándo otra. El pensamiento positivo puede ser negativo, de la misma manera que el pensamiento negativo a veces es positivo. Hay tareas o situaciones que demandan pensamientos fríos y negativos, como, por ejemplo, tomar la decisión de despedir a alguien, presentarse al examen de selectividad, corregir exámenes... Otro tipo de actividades, en cambio, necesitan pensamientos positivos, como planificar una campaña de ventas, plantearse un cambio de profesión, decidir si casarse o no...

Barbara Fredrickson es una investigadora estadounidense que se ha centrado en el estudio y desarrollo de teorías sobre las emociones positivas. Según ella, las emociones positivas cumplen dos importantes funciones en nuestra adaptación al entorno: a corto plazo, abren nuestra mente y amplían el campo de oportunidades y elecciones posibles, y, a largo plazo, promueven el desarrollo de recursos cognitivos y sociales, lo que ayuda a favorecer nuestro crecimiento y desarrollo personales. Experimentar emociones positivas nos conduce a estados mentales y formas de actuar que nos ayudan a superar las dificultades y adversidades cotidianas. Las emociones positivas desarrollan nuestros recursos intelectuales, físicos y sociales y los hacen más fuertes. Con ayuda de las emociones positivas, las personas pueden conseguir sobreponerse a los momentos difíciles e incluso salir fortalecidas de ellos.

Después de muchos años de estudio, hoy en día sabemos que las emociones positivas son capaces de predecir nuestro estado de salud e incluso nuestra esperanza de vida: las personas que experimentan más emociones positivas en su vida cotidiana tienen mejores hábitos de salud, una menor tensión arterial y un sistema inmunológico más fuerte que las que experimentan menos emociones de este tipo, lo que podría ser la causa de que tuvieran una mayor longevidad.

Así lo demostró uno de los estudios psicológicos más famosos de la última década, realizado por un grupo de investigadores de la Universidad de Kentucky (Estados Unidos) y conocido como *The Nun Study* ('el estudio de las monjas'). Se trata del estudio más importante sobre felicidad y longevidad que se ha llevado a cabo hasta la fecha y sus resultados fueron sorprendentes. El estudio contó con la participación de 180 monjas residentes en tres conventos que pertenecían a la misma congregación católica. Desde 1930, todas las novicias que iban a entrar al convento y a tomar sus votos debían escribir un breve texto autobiográfico.

Los investigadores tomaron estos textos, que las monjas habían escrito entre los 18 y los 32 años, y analizaron su contenido emocional. Para organizar el análisis, dividieron el contenido emocional en positivo, negativo y neutro, y distribuyeron las palabras y las frases de cada texto en uno de estos tres grupos. Cuál fue su sopresa al comprobar que las monjas que menos contenido emocional expresaban en sus escritos vivían una media de 86,6 años, mientras que las monjas cuyos textos aparecían cargados de emociones positivas alcanzaban los 93,5 años de media. Es decir, existía una diferencia de 6,9 años entre unas y otras. Los resultados fueron aún más sorprendentes cuando analizaron la variedad de emociones: las monjas que reflejaban mayor variedad de emociones positivas vivían 10,7 años más que el resto de sus compañeras.

El 90 % de las monjas que más emociones positivas expresaba en sus escritos seguía vivo a los 85 años, mientras que solo vivía el 34 % del grupo que menos emociones manifestaba en sus textos. El 54 % del grupo más alegre seguía vivo a los 94 años, mientras que solo lo estaba el 11 % del grupo menos alegre. Controladas todas las variables (todas las monjas llevaban la misma forma de vida, por lo que casi todos los factores externos que habitualmente sesgan los estudios quedaron eliminados), la única que realmente influía en la longevidad de estas monjas era la cantidad de sentimiento positivo que habían expresado en sus textos autobiográficos treinta años atrás.

Incluso una cosa tan cotidiana como un resfriado parece estar determinada por las emociones. Un grupo de 334 voluntarios sanos de entre 18 y 54 años fue evaluado en su tendencia a expresar emociones positivas, como felicidad, satisfacción y relajación, y emociones negativas, como ansiedad, hostilidad y tristeza. A todos los voluntarios se les administraron por vía nasal unas gotas que contenían rinovirus, el virus que produce el resfriado común. Se comprobó que las personas con un estilo emocional positivo, es decir, aquellas que tendían a expresar emociones positivas, tenían un riesgo menor de contraer un resfriado que las personas con estilo emocional negativo o con tendencia a expresar emociones negativas.

¿No son éstas unas buenas razones para aprender a sentir en positivo?

Aprende a sentir en positivo: diario de emociones

Nuestra incapacidad de identificar emociones agradables es, en cierto modo, responsable de nuestra dificultad para experimentarlas. Por esta razón, es fundamental aprender a reconocer nuestras emociones positivas para lograr ser más conscientes de ellas cuando las experimentamos. Gracias a esto, nuestra experiencia cotidiana se enriquecerá y aumentará nuestra calidad de vida.

El primer paso para sentir emociones positivas es aprender a nombrarlas. Puedes realizar un ejercicio que te ayudará a mejorar tu conciencia de las emociones positivas y te permitirá disfrutar más plenamente de ellas:

A partir de esta noche, anímate a llevar un diario de emociones. Dedica unos minutos antes de acostarte a reflexionar acerca de las emociones que has sentido a lo largo del día y trata de describirlas con detalle, poniendo especial interés en las emociones positivas. Al final de la primera semana, haz una valoración sobre la cantidad de emociones positivas y negativas que has sentido. Si la balanza se inclina demasiado hacia el lado negativo, continúa escribiendo el diario y deteniéndote con detalle en reconocer y definir tus emociones positivas, encontrando las palabras adecuadas para describirlas: no tardarás en notar cómo aumenta tu capacidad de sentir en positivo.

EMPATÍA

Seguro que más de una vez no has podido evitar soltar una lagrimilla cuando el protagonista de una película sufre una desgracia o emocionarte profundamente cuando triunfa. Que podamos ir al cine y vivir plenamente un filme, como si se tratara de una realidad de la que nosotros formamos parte, se lo debemos a la empatía. La empatía es la capacidad de reconocer y comprender los pensamientos, sentimientos y necesidades de los demás. Es ese sexto sentido que nos permite intuir lo que los otros sienten, ponernos en su lugar y ver el mundo a través de sus ojos. La empatía es una parte clave en la inteligencia emocional y resulta fundamental para el éxito de cualquier tipo de relación entre las personas, no solo las familiares, íntimas o personales, sino también las laborales o profesionales, por ejemplo.

Una persona empática es aquélla capaz de captar los mensajes verbales y no verbales que la otra persona transmite y hacer que se sienta comprendida. Y es que las personas, cuando nos comunicamos, lo hacemos no solo a través de las cosas que decimos, sino también de las que no decimos pero expresamos con nuestro cuerpo y nuestros gestos, y que conocemos como *lenguaje no verbal*. Por eso, para entender de verdad a una persona, hay que tener en cuenta no solo lo que dice, sino lo que expresa con su comportamiento no verbal, y nos daremos cuenta de que muchas veces lo que alguien dice y expresa no es la misma cosa, incluso pueden ser mensajes contradictorios. Los seres humanos no tenemos la capacidad de leer la mente, pero existen muchas señales, a veces muy sutiles y casi invisibles, que podemos aprender a interpretar. La empatía es la capacidad que nos permite desentrañar este código de señales no verbales y, por tanto, entender y comprender a las demás personas.

Quienes son incapaces de sentir empatía tienen serios problemas a la hora de interpretar correctamente las emociones y necesidades de los demás; podríamos decir que padecen «sordera emocional». Son personas que no saben escuchar y tampoco prestan atención a las señales no verbales, suelen tener problemas en sus relaciones y nos parecen frías e insensibles. El grado extremo de la falta de empatía genera personas antisociales o psicópatas, que se caracterizan por no tener ninguna consideración hacia los sentimientos ajenos. Cuando vemos en las noticias algún acto horrible cometido por una persona, siempre pensamos: ¿quién es capaz de hacer algo así? Son precisamente aquéllos patológicamente incapaces de sentir empatía quienes cometen este tipo de actos atroces, pues, al ver en las personas simples objetos que pueden manejar y utilizar a su antojo, carecen de cualquier remordimiento cuando les hacen daño. Su absoluta falta de empatía les convierte en seres egocéntricos que solo piensan en sí mismos y que jamás harán nada de forma desinteresada. En el otro lado de la balanza se sitúan las personas con una excepcional empatía, que son aquellas que dedican su vida a ayudar a los demás sin esperar nada a cambio. La empatía es la base del altruismo y solo aquel que es capaz de ponerse en el lugar del otro desarrolla las cualidades de la bondad y la generosidad.

La empatía es una capacidad que todas las personas (salvo el caso de los psicópatas) poseen en mayor o menor medida; algunas tienen mucha capacidad para empatizar con los demás, mientras que otras, en cambio, tienen gran dificultad para entender a los demás y ponerse en su lugar. Además de la diferencia que marca la herencia genética, los distintos grados de empatía vienen determinados por nuestro aprendizaje y educación. La capacidad para la empatía empieza a desarrollarse durante la infancia. Tanto en casa como en la escuela, los más pequeños deben aprender a expresar sus propias emociones y a interpretar correctamente las de los demás. La comunicación emocional en la familia es vital para un buen desarrollo de la empatía. Los niños que han visto sus necesidades afectivas y emocionales cubiertas y que han vivido en un ambiente en el que han sido aceptadas y comprendidas, han recibido consuelo cuando lloraban y tenían miedo, han visto cómo se vivía la preocupación por los demás... serán adultos con una buena capacidad de empatía y eso repercutirá directamente en su éxito personal y profesional.

Aprende a desarrollar tu empatía...

La empatía no es un don especial con el que algunas personas nacen, sino una cualidad que todos podemos desarrollar y potenciar:

• **Escucha.** Todos sabemos que no es lo mismo oír que escuchar. Escuchar implica prestar atención y mostrar interés por lo que nos están contando. No interrumpas a tu interlocutor mientras está hablando y no te obceques en dar consejos; simplemente céntrate en sentir lo que la otra persona siente y está intentando transmitirte verbalmente.

• **Observa.** Pero, como ya hemos visto, las personas no solo nos comunicamos hablando. Por eso es fundamental que observes con detalle a la otra persona y trates de captar esas señales no verbales que transmite. La mirada, la postura, el tono de voz, los gestos e incluso el silencio... son señales que transmiten valiosa información que hay que aprender a decodificar.

• **Respeta.** No juzgues ni relativices, simplemente comprende con la mente abierta y sin prejuicios. Para entender al otro, no es necesario que compartas sus pensamientos o sentimientos, no tienes que modificar tu postura, sino comprender la suya y respetarla. Sé tolerante y acepta las diferencias y los distintos puntos de vista, aunque no sean iguales a los tuyos.

Aprende a expresar empatía...

Además de sentir empatía, es importante demostrarla a tu interlocutor. Así se sentirá confiado, seguro y protegido. Expresar empatía mejorará visiblemente tus relaciones personales.

- **Mira a los ojos.** Cuando hables y te hablen, mantén el contacto ocular; siéntete cómodo, no lo fuerces. Mirar a los ojos genera confianza y transmite interés.
- **Pregunta.** Haz preguntas abiertas que inviten a la otra persona a extenderse en detalles y ayuden a continuar la conversación, a la vez que hagan ver a tu interlocutor que estás interesado en lo que te está contando.
- **Dialoga.** Durante la conversación, demuestra tu apoyo con pequeñas expresiones, envía señales positivas al otro e intenta avanzar poco a poco en el diálogo, ayudando a la otra persona a que tome perspectiva de su situación.
- **Opina.** Antes de dar tu opinión, asegúrate de que tienes la información suficiente, que la otra persona te ha contado todo lo que necesitaba y que has interpretado correctamente su mensaje. Ten siempre muy en cuenta que a veces la otra persona no necesita tu opinión o consejo, sino simplemente saber que estás ahí para escucharla y entenderla, por lo que no te obsesiones en dar consejos. Si lo haces, da tu opinión de forma constructiva, no destructiva, resaltando lo positivo y evitando centrarte en lo negativo. Sé sincero pero sin herir sentimientos, y transmite una opinión respetuosa con las emociones y pensamientos de la otra persona.

ENAMORAMIENTO

«Si confundes tu cuerpo con tu alma, es que estás enamorado...», cantaba un conocido artista español. El enamoramiento es un sentimiento increíblemente poderoso y arrebatador, un estado emocional muy intenso y fugaz que nos hace perder literalmente la cabeza y dejarnos arrastrar por la marea de las pasiones. En su fase álgida, el enamoramiento suele durar varios meses, durante los cuales la persona enamorada se encuentra en un estado mental alterado que incluye síntomas como la falta de concentración en sus actividades cotidianas y la distorsión de la realidad, pues idealiza a la persona amada y no pocas veces la convierte en una auténtica obsesión. Se dice, y no sin razón, que enamorarse es como tener una venda en los ojos que impide ver los defectos del otro, a quien atribuimos una gran cantidad de cualidades, destacando sus características positivas y olvidándonos por completo de las negativas.

«Estar enamorado es descubrir lo bella que es la vida», continúa la canción... y es que no hay duda de que enamorarse es un sentimiento maravilloso, quizá uno de los más maravillosos que existen, y pobre del que pase por esta vida sin sentirlo. Sin embargo, el enamoramiento no dura eternamente, el paso del tiempo es su enemigo mortal y, aunque pueda parecer lo contrario, ésta es una gran noticia. Las personas nos veríamos en serios aprietos si el enamoramiento se alargara demasiado. Enamorarse nos atonta y nos conduce a dejar a un lado la lógica y a basar todas nuestras decisiones en impulsos irracionales, lo que interfiere seriamente en nuestra vida cotidiana. Estar enamorado nubla todo lo demás, que pasa a un segundo plano. En este estado parece muy difícil funcionar a pleno rendimiento. Si nos pasáramos toda la vida enamorados, no tendríamos la energía ni las ganas necesarias para hacer nada más; por tanto, es imprescindible que exista una fecha de caducidad. Al igual que las emociones negativas intensas que se mantienen en el tiempo (como la ansiedad o la ira, por ejemplo) llegan a ser muy perjudiciales para la salud, también una emoción positiva muy intensa mantenida en el tiempo es susceptible de causarnos trastornos y problemas. Por el bien de la especie humana, el enamoramiento es solo una fase, la primera, del amor.

No vamos nada desencaminados cuando hablamos de «química» en el amor, pues el enamoramiento está regulado, en gran parte, por la química cerebral. Al enamorarnos, nuestro cerebro libera una serie de sustancias que generan ese estado de euforia y excitación propio del enamorado. Una de estas sustancias, la feniletilamina, funciona de un modo muy similar a las anfetaminas, provocando sensaciones de energía, vitalidad y euforia. La pérdida de apetito que sufren casi siempre los enamorados se debe al aumento de la norepinefrina, y el insomnio, a la disminución de la serotonina. Una de las sustancias más importantes involucradas en el enamoramiento es la dopamina, que genera sensaciones de satisfacción y placer y activa el sistema de recompensa del cerebro. Cuando esto ocurre, centramos toda nuestra atención en obtener nuestra recompensa: la persona amada, que se convierte en el centro de todo y el resto deja de importarnos. La corteza cerebral, encargada de nuestro raciocinio, queda en segundo plano y las riendas del cerebro las toman las estructuras subcorticales, como el hipocampo, la amígdala, el área tegmental ventral o el giro cingulado, que son estructuras básicas, primitivas y, podríamos decir, pasionales. El cerebro enamorado queda dominado por lo emocional, mientras que la parte racional permanece aletargada.

Biológicamente, el cuerpo humano no puede permitirse semejante desgaste de energía, así que poco a poco nuestro cerebro va acostumbrándose a esta fiesta bioquímica hasta que el cóctel de sustancias deja de hacernos efecto y, tras la borrachera del enamoramiento, llega el momento de recuperarse. Es entonces cuando nuestro cerebro comienza a segregar vasopresina y oxitocina, sustancias responsables de generar los lazos afectivos con nuestra pareja, y la locura del enamoramiento se transforma en un sentimiento de calma y seguridad. A la vez que la pasión se amortigua, se van forjando nuevos vínculos, como la comprensión, el compromiso y la intimidad. Dejar de estar enamorado no significa dejar de amar, más bien al contrario, enamorarse es solo el principio. Como afirmaba el filósofo Erich Fromm, empezamos a amar cuando dejamos de estar enamorados. El enamoramiento actúa como un motor que desencadena una relación de pareja y, a medida que la relación avanza, éste va desapareciendo hasta que solo queda su recuerdo.

A lo largo de toda su vida, una persona se cruza con miles de potenciales compañeros sentimentales y, sin embargo, su corazón solo se revoluciona con unos pocos. ¿Qué es lo que determina que nos enamoremos de una persona y no de otra? Los psicólogos coinciden en el papel que, en el enamoramiento, juegan tres factores: el atractivo, la proximidad y la semejanza. Nos enamoramos de las personas que consideramos bellas y atractivas; de aquellas con las que mantenemos un contacto frecuente (el entorno laboral es uno de los que más propician el enamoramiento, no en vano pasamos en la oficina muchas horas de nuestra vida), a las que vemos todos los días, pues la proximidad genera lazos afectivos, y, finalmente, nos enamoramos de personas que tienen historias similares a la nuestra, que comparten nuestra forma de ver la vida y cuyo nivel cultural, social e intelectual es parecido al nuestro.

ENTUSIASMO

Escribió una vez el filósofo y poeta norteamericano Ralph Waldo Emerson que «nada que valga la pena se ha conseguido nunca sin entusiasmo». El entusiasmo es un estado de ánimo intenso y positivo que nos impulsa a hacer las cosas con energía y ganas. La persona entusiasta es aquella que cree en sí misma y en su capacidad para cambiar las cosas, que siente verdadera pasión por todo lo que hace y que, lejos de sentirse desanimada por los contratiempos, se esfuerza por superarlos para alcanzar sus objetivos. El entusiasmo es una actitud mental indispensable para disfrutar de la vida y también del éxito.

Imaginemos la siguiente situación: Ana y María han planeado ir a pasar un fin de semana al campo con sus respectivas familias. La tarde anterior a la partida se presenta soleada y todo presagia que serán unas estupendas minivacaciones; tanto Ana como María están entusiasmadas. Sin embargo, el día amanece encapotado y la lluvia no dará tregua ni un instante durante todo el fin de semana. El entusiasmo de Ana se viene abajo muy pronto, las cosas no han salido como ella esperaba y su reacción natural es protestar y quejarse, generando un clima negativo que termina afectando a toda la familia. María, en cambio mantiene firme su entusiasmo y transmite su energía positiva al resto. La lluvia le impide llevar a cabo todo lo que había programado, pero no tarda en cambiar de planes e improvisa divertidas historias y actividades que calientan el ánimo de todos. Un fin de semana pasado por agua consiguió minar el entusiasmo de Ana y su familia, pero no así el de María y los suyos, que volvieron a casa contentos y felices. Los entusiastas son personas capaces de hacer interesantes y divertidas las situaciones más rutinarias y poco estimulantes, están dispuestas a involucrarse en cualquier cosa que merezca la pena, con una energía inagotable, sin importarles lo complicada que pueda parecer, y empiezan a pensar en las posibles soluciones antes siquiera de agobiarse con un problema. El entusiasmo es el mejor antídoto contra la apatía, el aburrimiento y la indiferencia.

Si hay algo que debemos tener muy claro es que el entusiasmo no depende de las circunstancias externas, es una actitud que nace en el interior de las personas y que resiste cualquier adversidad. No es una situación positiva la que genera entusiasmo, es el entusiasmo el que moldea las situaciones para que sean positivas. Cuando las cosas no van bien, el entusiasmo nos ayudará a transformarlas y a encontrar siempre la parte positiva y beneficiosa. Hay personas que justifican su falta de entusiasmo mientras esperan a que sus condiciones mejoren: «seré feliz cuando tenga un trabajo mejor», «me sentiré bien cuando mejore mi relación de pareja». Lamentablemente, este tipo de personas difícilmente se entusiasmará nunca por nada, para ellas siempre habrá algo que no funcione bien y que les dé motivos para quejarse. Al entusiasmo no le frenan las circunstancias adversas. En los problemas y situaciones difíciles, el entusiasmo sigue actuando. Cuando nuestras expectativas no se cumplen, como en el caso de Ana, muchas personas experimentan frustración y desánimo. Ante una expectativa no cumplida, el entusiasta, como María, será capaz de sobreponerse y aceptar ese fracaso como una oportunidad para seguir luchando por un objetivo.

Los entusiastas son personas tremendamente activas, que nunca se aburren pues logran extraer lo bueno e interesante de cada situación, por muy tediosa o complicada que parezca. No importa lo que esté sucediendo en sus vidas, pues en su rostro siempre se dibujará una sonrisa. El entusiasmo es una poderosa fuerza que les permite perseverar y no desistir nunca. Por si no fuera suficiente, lo mejor es que el entusiasmo se proyecta a los demás. Nada hay más contagioso que el entusiasmo. Las personas entusiastas transmiten su energía a los demás y generan a su alrededor un clima positivo y estimulante. Son alegres, activas, creativas y siguen adelante sean cuales fueren las circunstancias. Abordan todos sus proyectos y tareas con entusiasmo, con ganas y energía. Así, es difícil que las cosas salgan mal y, si lo hacen, el entusiasta no perderá las ganas de seguir intentándolo.

Potencia tu entusiasmo...

El entusiasmo es un impulso que se genera de forma voluntaria. No importa cómo te sientas, actúa con entusiasmo y éste nacerá en ti. A continuación te presentamos algunas pautas para potenciarlo:

• **Siéntete bien contigo mismo.** El primer paso para ser una persona entusiasta es creer en ti y en tus capacidades. Cambia tu actitud respecto a la manera en que te defines como persona, siéntete seguro, capaz y poderoso. Para ayudarte en esta tarea, toma una hoja de papel y escribe todas las cosa positivas que se puedan decir de ti, como si las dijeras de un amigo, por ejemplo. Ve aumentando la lista cada día y, cuando te sientas mal contigo

mismo o sientas que el ánimo flaquea, saca la lista del ca-
jón y repásala, será una gran inyección de energía.

• **Cambia tu postura, nada de hombros caídos y gesto
cansado en tu cara.** Eleva tus hombros, estira la espalda y
dibuja una sonrisa en tu rostro. Imprime intensidad y fuerza a tu voz, alegría en tu saludo y brillo en tu mirada.

• **Dalo todo de ti.** Cuando te enfrentes a una actividad, sea cual fuere, afróntala como si fuera la primera y la
última vez que vayas a hacerla. Vuélcate plenamente en
ella y disfruta de todos y cada uno de sus detalles.

• **No frenes tus impulsos,** anímate a tomar parte en
actividades que normalmente no harías por cansancio, apatía o desgana. Fuérzate a involucrarte de verdad en las cosas que haces, no tengas un «no» por respuesta cuando te
propongan algo o se te presente una oportunidad, cám-
bialo por un entusiasta «sí».

ESPERANZA

Si mañana, al vestirte, detectaras en tu pecho un bulto extraño, ¿cuál sería tu primera reacción? «Hay un 50 % de posibilidades de que este bulto sea cancerígeno» o «Hay un 50 % de posibilidades de que este bulto no sea nada». Cualquier hecho
negativo puede describirse desde la esperanza o desde la desesperanza. Pero no solo lo negativo, también lo positivo que
nos ocurre tiene esta doble interpretación. Imagina que tu jefe
ha quedado en llamar para confirmarte si te subirá o no el
sueldo. Mientras esperas esa llamada, piensas: ¿«Hay un 50 %

de posibilidades de me diga que sí» o «Hay un 50% de posibilidades de que me diga que no»?

La esperanza es una emoción que se caracteriza por la creencia de que la cosas saldrán bien o mejorarán en el futuro. Tener esperanza no implica negar la realidad o fingir que no existen los problemas. Volvamos a la primera de las situaciones: sea cual fuese tu primera reacción, con toda seguridad acudirás al médico a revisar ese bulto, lo que cambia es tu actitud frente a la predicción de lo que puede ocurrir en el futuro y, por tanto, tu estado de ánimo mientras esperas los resultados médicos.

Como ya habrás podido intuir, la esperanza mantiene una estrecha relación con el optimismo. Ambos tienen que ver con la expectativa de resultados positivos en el futuro. La esperanza es un componente esencial del optimismo, pero no son exactamente sinónimos, sino que poseen algunas sutiles diferencias. Podríamos decir que la esperanza es inspiración y motivación, mientras que el optimismo es acción. La esperanza nos permite decidirnos a alcanzar un sueño y el optimismo nos anima a poner en marcha estrategias para hacer realidad ese sueño. Una persona emprende un negocio con la esperanza de que funcione, pero el plan de acción que pondrá en marcha para hacerlo funcionar forma ya parte del optimismo. La esperanza tiene un mayor componente de fe; el optimismo, de confianza. La esperanza es un estado de ánimo («Tengo esperanza»), que puede variar en diferentes situaciones y circunstancias; el optimismo es una actitud ante la vida («Soy optimista»).

Que tengamos esperanza o no depende de dos dimensiones de nuestra forma de explicar los sucesos que nos ocurren en la vida: la ubicuidad y la permanencia. Las personas con esperanza encuentran causas universales y permanentes para los sucesos positivos y causas específicas y transitorias para los sucesos negativos. Es decir, piensan que las cosas buenas durarán siempre y repercutirán en todos los ámbitos de su vida, mientras que las cosas malas pasarán pronto y solo afectarán a una parte concreta de su vida. Por el contrario, quienes encuentran causas específicas y transitorias para los sucesos positivos y causas universales y permanentes para los sucesos negativos son personas desesperanzadas que tendrán tendencia al pesimismo y a la depresión.

La esperanza nos aporta la confianza de saber que los problemas no son eternos, que las heridas terminarán curándose y las dificultades, superándose. Uno de los resultados más consistentes en la literatura científica es que las personas que poseen altos niveles de esperanza tienden a salir fortalecidas y a encontrar beneficio en situaciones traumáticas y estresantes. Además, se ha demostrado que, en la recuperación de enfermedades, la esperanza es un factor importante. Cuando tenemos esperanza, nuestro cerebro libera dos sustancias químicas, las endorfinas y las encefalinas, que aumentan el bienestar y disminuyen la sensación de dolor. La esperanza no cura enfermedades, ni siquiera ha demostrado ejercer influencia sobre la mejoría real de la enfermedad, pero sí que hay datos que aseguran que mejora enormemente la calidad de vida de los pacientes y disminuye su malestar. Tener esperanza ante el padecimiento de una enfermedad grave no nos salvará la vida, pero sí hará que nuestra vida, mientras dure, sea mucho mejor.

EXTROVERSIÓN

Teresa está siempre rodeada de amigos, le gusta salir, hacer planes, reunirse con su gente. Es una gran habladora, le encanta conversar y tiene una especial habilidad para caer bien a las personas y hacerlas formar parte de su vida. Es única organizando actividades y suele ser ella la que siempre moviliza a sus amigos. A Belén, en cambio, le gusta la soledad, le agrada estar sola en casa y disfrutar de la tranquilidad. Como mejor se siente es lejos del gentío y las grandes aglomeraciones. No es muy habladora, le cuesta abrirse a los demás y se siente más cómoda sin compañía, disfrutando de sí misma. Si te has identificado con Teresa, eres una persona extrovertida; si te sientes más similar a Belén, eres una persona introvertida.

El primero en utilizar los conceptos de introversión y extroversión fue el psicólogo Carl Jung, dentro de su teoría de la personalidad, en el año 1921. La introversión es una forma de ser que se caracteriza por la concentración del interés en los procesos internos de la persona. Una persona introvertida se interesa, sobre todo, por su mundo interior de pensamientos y sentimientos. La extroversión, por el contrario, es una forma de ser que se caracteriza por la concentración del interés en los objetos del mundo externo. Una persona extrovertida se interesa por el mundo exterior de las cosas, la gente y las actividades. Coloquialmente, se suele asociar la introversión con la timidez y la extroversión con la sociabilidad.

En realidad, nadie es completamente introvertido o extrovertido. Lo que ocurre es que cada persona tiende más hacia una actitud u otra. Ninguna de las dos formas de ser es mejor que la otra, cada una tiene sus ventajas y sus desventajas; en determinadas circunstancias y situaciones, será más apropiada la introversión, y en otras lo será la extroversión. Lo ideal es ser flexible y tener la destreza de adoptar la actitud que resulte más apropiada en cada situación o contexto: conseguir un equilibrio entre ambas.

Todos los estudios apuntan a que son las variables internas —la personalidad— y no las circunstancias externas las que determinan la felicidad de las personas. Y, precisamente, de todas las variables psicológicas que parecen relacionarse con la felicidad, la extroversión-introversión es la que se ha mostrado más consistente y universal. Las investigaciones nos enseñan que las personas extrovertidas se ríen y se divierten con mayor frecuencia que las introvertidas, y que se sienten más felices que ellas en muy diversas circunstancias y situaciones.

Con seguridad, la felicidad de los extrovertidos se deba no a uno, sino a muchos factores que interactúan entre sí. Uno de ellos parece ser el hecho de que las personas extrovertidas tienden a tener una red social mayor y más potente que las personas introvertidas, es decir, tienen mayor número de amigos y mejores relaciones con los demás. Las experiencias más positivas que las personas experimentan suelen ocurrir cuando están con sus amigos y, en general, se es mucho más feliz en compañía que en soledad, independientemente de lo que se esté haciendo. Por esta razón, las personas más sociables y abiertas suelen ser más felices que las tímidas y solitarias.

Estos resultados tan contundentes parecen dejar a las personas poca capacidad de maniobra en lo relativo a su propia felicidad. Si la personalidad es algo que heredamos de nuestros padres y que se forma en los primeros años de vida, poco o nada puede hacer una persona que es introvertida para ser más feliz. Afortunadamente, algunos estudios recientes muestran que esto no es así.

William Fleeson, investigador de la Universidad Wake Forest (Estados Unidos), descubrió en uno de sus estudios que incluso las personas introvertidas son más felices cuando actúan de manera extrovertida. Un grupo de estudiantes debía participar en unas jornadas de debate. A algunos se les pedía que actuasen de forma asertiva y enérgica, que hablaran y expusieran sus puntos de vista (pauta de comportamiento extrovertida), mientras que a otros se les daban instrucciones para que fueran callados, tímidos y permanecieran al margen del debate (pauta de comportamiento introvertida). Una vez terminada la discusión, debían escribir cómo se habían sentido. A continuación comenzaba un nuevo debate y esta vez los papeles se intercambiaban: los que antes fueron extrovertidos ahora debían adoptar una actitud introvertida y viceversa. Los resultados fueron concluyentes: todos los participantes, fueran extrovertidos o introvertidos, dijeron sentirse más felices cuando estaban activos u ocupados en algo, es decir, en la situación de comportamiento extrovertido, y menos felices cuando las circunstancias les obligaron a ser pasivos, tímidos o reservados, es decir, en la situación de comportamiento introvertido.

El estudio de Fleeson resulta muy esperanzador, pues revela que las personas tienen la capacidad de aumentar sus niveles de felicidad simplemente cambiando la forma en la que se comportan. No importa si una persona es introvertida por naturaleza, pues puede esforzarse por tener conductas extrovertidas y, de esta manera, aumentar su felicidad.

Si te has identificado más con Belén que con Teresa, es decir, si te consideras una persona introvertida por naturaleza que se siente a gusto en soledad, no quiere decir que estés condenada a ser menos feliz que Teresa. Sin embargo, seguro que hay momentos en tu vida en los que has sentido que quizá deberías ser algo más sociable, abrirte más a las personas, contar con los demás. ¡Hazlo! Esto no implica que tengas que cambiar tu forma de ser, ni mucho menos, sino que tienes en tus manos la posibilidad de aumentar tus niveles de felicidad tratando de involucrarte en actividades que demanden de ti una actitud extrovertida: queda con tus amigos, anímate a hacer vida social más a menudo, acude a esa fiesta a la que te han invitado pero a la que te da pereza ir; una vez allí, comprobarás que te sientes realmente bien. Deja en casa a la Belén introvertida y aprende a sacar a pasear a la Belén extrovertida. Pronto te darás cuenta de que una y otra pueden coexistir y complementarse a la perfección; es posible ser introvertido y utilizar la extroversión como una herramienta que nos dé momentos de felicidad.

F

FAMILIA

La familia es nuestro entorno social más importante, de ahí que la calidad de nuestra vida mejore enormemente cuando somos capaces de lograr que las relaciones con nuestros parientes resulten agradables. A diferencia de los amigos, la familia no la escogemos nosotros, y por eso a veces son más complejas la relaciones dentro de ella y nos resulta más difícil encontrar puntos comunes que nos mantengan unidos.

Uno de los problemas a los que se enfrentan las sociedades modernas es la desintegración de la familia: problemas de comunicación, divergencia de intereses, falta de tiempo y ganas son algunas de las causas que provocan el desmoronamiento del núcleo familiar. Es común preguntarse qué estamos haciendo mal, por qué parece tan difícil convivir en familia. Lo cierto es que, hasta hace relativamente poco tiempo, las familias se mantenían unidas, pero lo hacían fundamentalmente por obligaciones externas, que ejercían presión y forzaban a continuar las relaciones, como las necesidades económicas o las cuestiones morales. Pero esas razones externas han ido desapareciendo con el paso de los años y han generado un mayor número de familias rotas. Hemos perdido los lazos externos, sí, pero es hora de recuperar los lazos internos. La verdadera unión familiar debe basarse en gratificaciones internas. Existen enormes oportunidades para la alegría y para el crecimiento que solo pueden experimentarse dentro de la familia. La comunicación abierta y fluida, la confianza mutua, los intereses y las actividades comunes... deben ser los lazos que mantengan unida a nuestra familia.

Consideremos la familia como una casa. Si una casa se mantiene en pie gracias a apuntalamientos externos que impiden que se caiga, cuando los retiremos, la casa se desmoronará. Nuestra casa debe estar construida con sólidos ladrillos de gratificaciones internas. Ése es uno de los grandes retos que debemos asumir las familias de hoy: convertir los viejos apuntalamientos externos en ladrillos nuevos que mantengan la unidad por sí mismos.

Es importante no olvidar que el modelo de familia que venimos manejando desde hace siglos es solo una de las muchas alternativas que pueden existir y, de hecho, existen en nuestros días. Sin embargo, a pesar de la gran transformación que ha experimentado el modelo familiar en los últimos años, lo esencial ha permanecido intacto. La familia continúa siendo la unidad básica dentro de la sociedad y mantiene intacta su responsabilidad en el desarrollo personal y emocional de sus miembros. Y es que lo que ocurre en el seno de la familia afecta enormemente al estado de ánimo de las personas que forman parte de ella, aunque lo hace de manera diferente en cada uno de sus miembros. Así, por ejemplo, en el estado de ánimo del padre influyen los logros de sus hijos, mientras que en el estado de ánimo de la madre repercute mucho más el propio estado de ánimo de sus hijos, es decir, los hombres se preocupan más de lo que sus hijos hacen, y las mujeres, de lo que sus hijos sienten.

¿Qué es lo que hace que una familia funcione? Podemos afirmar que una familia funciona cuando en su seno se potencia el bienestar y el crecimiento emocional de cada uno de sus miembros. Cada familia es un mundo, pero lo que comparten las familias que funcionan bien es una mezcla de extremos: disciplina y espontaneidad, normas y libertad, exigencia y amor incondicional... un equilibrio que es difícil conservar, pero que, si se logra, genera un ambiente familiar ideal.

Muchas personas aseguran tajantemente que la familia es lo más importante para ellas. Es muy posible que tú te encuentres entre esa inmensa mayoría. Detente un momento en la lectura y pasa revista a tu situación familiar para responder de forma sincera: ¿realmente actúas como si la familia fuera lo más importante en tu vida? Si tu respuesta ha sido negativa, no te asustes, nuevamente estás en sintonía con la mayoría de las personas. Resulta curioso comprobar que muy pocas —sobre todo en el caso de los hombres— se comportan de forma coherente con su afirmación. La explicación puede encontrarse en el hecho de que tendemos a asumir que las relaciones de familia son «naturales», es decir, que fluyen por sí solas y no necesitan apenas esfuerzo para mantenerlas. Muchas veces, cuando uno llega a casa agotado tras todo un día de trabajo, espera que estar con la familia sea una experiencia relajante que no suponga ningún esfuerzo. Por desgracia, nada más lejos de la realidad: a menos que todos los miembros de una familia dediquen energía, ganas y pasión a sus relaciones, difícilmente se mantendrán unidos por algo más que una convención social o económica. Desaparecidas las gratificaciones externas de las que hablábamos, a menos que el entorno familiar pueda ofrecer gratificaciones intrínsecas a sus miembros, el futuro de la familia es poco alentador.

Mejora tus relaciones familiares...

Las relaciones familiares se van construyendo día a día con dedicación y constancia. A continuación te proporcionamos una sencilla receta con cuatro ingredientes que te ayudará a mejorar tus relaciones familiares:

1. **Comunicación.** Una comunicación fluida y sincera entre los miembros de una familia es fundamental para su buen funcionamiento. Establece siempre una comunicación basada en la sinceridad, el respeto y la empatía. Ten en cuenta que, cuando una conversación empieza con una acusación, lo más probable es que la otra persona se ponga a la defensiva y, en lugar de una comunicación fluida, se genere un diálogo de sordos en el que ninguna de las partes escucha a la otra. Por eso, esfuérzate siempre por establecer una «comunicación positiva» centrada en transmitir tus ideas y emociones sin reproches ni ataques verbales. Un saludo amable, unas palabras de agradecimiento, interesarse por la vida o el estado de ánimo del otro... son pequeños detalles comunicativos que harán del seno familiar algo cálido y positivo.

2. **Respeto.** Por muchas que sean las diferencias entre los distintos miembros de la familia, si se aceptan con respeto, éstas parecen reducirse. Sea cual fuere la situación, incluso en discusiones o desencuentros, nunca debe faltar el respeto entre dos personas que se quieren y estiman. Di las cosas sin juzgar ni criticar a la otra persona, de esa manera aumentarás la posibilidad de que te escuche de verdad, sin ponerse a la defensiva. Habla siempre con

respeto, sin comentarios insultantes ni despectivos, y no olvides poner en marcha tu empatía y tratar de entender las cosas desde el punto de vista del otro, por muy difícil o extraño que pueda resultarte.

3. **Cariño.** Para que los lazos afectivos permanezcan bien atados, es fundamental que exista en la familia el contacto físico y las demostraciones de cariño. Muchas veces suelen estar presentes cuando los hijos son pequeños y van desapareciendo con el paso de los años. No perder la capacidad de demostrar afecto cada día, con besos, abrazos y palabras amables, genera la cercanía emocional necesaria para mantener en funcionamiento la familia. Algo aparentemente tan sencillo como dar un beso de buenas noches, un abrazo espontáneo o una sonrisa sincera llenará de buenas vibraciones el ambiente.

4. **Unión.** La diferencia de edad y las distintas formas de entender la vida suelen provocar falta de puntos en común y distanciamiento entre los diferentes miembros de una familia. Es importante, por ello, tratar de encontrar intereses comunes que puedan transformarse en actividades conjuntas, como un viaje, una comida, un *hobbie*, un deporte... Reserva momentos en el día a día para compartir exclusivamente con tu familia; que no se reduzcan a dos o tres fechas especiales al año, sino que sea una forma habitual de comunicación y contacto entre todos.

El 95 % de las personas cree en Dios. Cristiano, musulmán, judío, budista... el Dios de los seres humanos tiene muchas caras con muy poco en común. Estas insalvables diferencias provocan que los creyentes se enfrenten entre sí desde tiempos inmemoriales. Sin embargo, según indican varios estudios realizados en las últimas décadas, todos comparten algo: son más felices que los no creyentes. Un dato consistente en psicología es que la fe y la felicidad mantienen una relación positiva, es decir, que las personas espirituales o creyentes son más felices y están más satisfechas con su vida que quienes no tienen ningún tipo de creencia religiosa. Lo que no se tiene tan claro son las razones de esta relación, aunque todo apunta a que viene originada por la suma de varios factores. En primer lugar, sabemos que las personas son más felices cuando cuentan con redes de apoyo social sólidas: buenos amigos, buenas relaciones familiares... Las comunidades religiosas suelen ofrecer un gran soporte social. En segundo lugar, la religión ayuda a encontrar un sentido a la vida. Las personas que creen firmemente en la existencia de una vida después de la muerte obtienen alivio y consuelo, además de ver disminuidos sus sentimientos de soledad. En tercer lugar —y para muchos investigadores el factor más importante— la fe proporciona esperanza en el futuro. Como asegura el psicólogo positivo Martin Seligman, la relación entre la esperanza ante el futuro y la fe religiosa es probablemente la piedra angular de por qué la fe es tan eficaz para combatir la desesperación y aumentar la felicidad.

En realidad, todo apunta a que la explicación se encuentra más en la fe que en la religión. Es decir, es la espiritualidad, entendida como el hecho de tener un sistema interior de creencias, y no tanto la religiosidad, como una actividad externa, organizada y relacionada con una iglesia, un libro, unas prácticas o unos rituales concretos, la que mantiene una relación positiva con la felicidad. Creer en algo que está más allá o por encima de los seres humanos y sentir la conexión de nuestro espíritu con ese algo mejora nuestro bienestar personal.

Seguro que más de una vez te has preguntado qué hay después de la muerte, qué sucede cuando la vida se termina. ¿Qué sensaciones te despiertan estas preguntas? Probablemente no demasiado positivas. Esta misma pregunta se la ha hecho el ser humano desde sus principios, y no encontrar una respuesta certera le ha generado siempre sensaciones desagradables de ansiedad, incertidumbre y miedo. La fe ayuda a convivir con esta eterna pregunta, nos hace más llevadero pensar en nuestra muerte y nos proporciona cierta seguridad ante lo desconocido. Las personas que se sienten ligadas a un Dios creador encuentran paz, tranquilidad y esperanza: la vida no termina tras la muerte, sino que se transforma en otra cosa.

La fe es especialmente importante en situaciones difíciles; es entonces cuando nuestras creencias religiosas pueden ser un arma muy valiosa para ayudarnos a enfrentar la adversidad. Se ha comprobado, por ejemplo, que las personas religiosas se recuperan mejor de un trauma que las personas que no son religiosas, y es que la espiritualidad podría actuar como una coraza que nos protege de sufrir el impacto de las desgracias. Cuando nos encontramos en situaciones cercanas a la muerte, nuestras creencias religiosas pueden ayudarnos a aceptarla. Un estudio demostró, por ejemplo, que ante la muerte súbita de un bebé los padres creyentes se sobrepusieron mejor a la terrible pérdida que los no creyentes, pues encontraron en sus creencias y su espiritualidad un apoyo fundamental en esos momentos tan difíciles.

FELICIDAD

Teniendo en cuenta lo que te ha ocurrido en el último año y tus expectativas para el futuro próximo, ¿cuál de las siguientes caritas representa mejor tus sentimientos actuales respecto a tu vida en general?

Si tu respuesta se sitúa entre las caritas 5, 6 o 7, tu nivel de felicidad coincide con el de la mayoría de las personas. Y es que, aunque todos tenemos una cierta tendencia a quejarnos, lo cierto es que, cuando nos preguntan si somos felices y cuánto, casi todos nos situamos en niveles altos de la escala. Cualquiera que sea el método utilizado para preguntar y sea cual fuere el tipo de persona que responda, se repite el mismo resultado: los seres humanos somos felices. En el año 2007, la Encuesta Social Europea reveló que el grado de satisfacción con la vida de los españoles es de 7,4 en una escala de 10 puntos. Además, tres de cada cuatro dijeron sentirse felices durante todo o la mayor parte del tiempo, y dos terceras partes aseguraron que disfrutan de la vida. Este mismo tipo de datos se reproduce invariablemente en diferentes países y en distintas épocas. No hay duda: somos felices.

Frente a lo que pueda parecer, es poco probable que una

persona cambie su nivel de felicidad de forma drástica. La razón es que existe un rasgo de personalidad —la afectividad positiva— genéticamente determinado que permanece relativamente invariable a lo largo de la vida. Al igual que cada persona posee un rango de peso, también posee un rango de afectividad positiva. ¿Quiere esto decir que solo es feliz quien está genéticamente destinado a serlo? En apariencia puede parecer que es así, pero también podemos hacer un análisis más positivo: nuestros genes no determinan un punto concreto, sino un rango que comprende diferentes valores en una escala de afectividad positiva. Seguramente no tengamos oportunidad de movernos por toda la escala, pero sí dentro de los dos puntos que limitan nuestro rango, de manera que podemos situarnos en su punto más alto. Lo que esto quiere decir es que tenemos en nuestras manos una gran parte de la capacidad para ser felices. Podemos aprender a vivir en el extremo superior de nuestro rango de afectividad positiva, esto es, aprender a ser lo más felices que nuestra herencia genética permite.

¿Qué es lo que nos hace felices? No solo los psicólogos, también los filósofos, los artistas, los políticos y hasta los economistas han intentado responder a esta pregunta y encontrar fórmulas que ayuden a las personas a alcanzar la felicidad. La fórmula de la felicidad es uno de los grandes secretos de la humanidad; si alguien consiguiera dar con ella, sería sin duda la persona más poderosa del planeta. De hecho, son muchos los que intentan encontrarla: no tienes más que revisar las estanterías de la sección de autoayuda de cualquier librería para comprobarlo. Por desgracia, ninguna de esas recetas mágicas que nos dan los libros resulta realmente efectiva. Son tantas las variables y las circunstancias que se entrelazan que es prácticamente imposible reducir algo tan complejo como la felicidad humana a unos cuantos pasos por seguir. Lo que sí que podemos hacer es tratar de analizar de la forma más exhaustiva posible todas esas variables que parecen influir en la felicidad de las personas. Es precisamente lo que ha hecho Martin Seligman, uno de los psicólogos más reconocidos de todo el mundo y fundador de la psicología positiva, cuya fórmula no pretende revelar el secreto de la felicidad, sino analizar sus componentes para saber si es posible o no desarrollarlos. ¿Está en nuestras manos ser felices o todo depende de variables que no podemos controlar? La fórmula que Martin Seligman propone viene a responder esta pregunta.

$$F = R + C + V$$

La «F» representa el nivel de felicidad duradera. Podemos hablar de dos tipos de felicidad. Por un lado, tendríamos la felicidad momentánea, que obtenemos fácilmente mediante distintos medios rápidos para obtener placer: devorar una tarrina de helado de chocolate mientras vemos una comedia romántica es un momento de felicidad, pero que no dura mucho tiempo. Por otro lado, existe la felicidad duradera, un sentimiento sostenido en el tiempo que va más allá de esos placeres momentáneos.

La «R» es el rango fijo del que hemos hablado al principio. Al igual que sucede con prácticamente todas las variables psicológicas, la felicidad también se ve influenciada por nuestra herencia genética. Sea cual fuere tu nivel de felicidad, prácticamente la mitad se la debes a los genes que te transmitieron tus padres. Aceptar la influencia genética en la felicidad tiene una consecuencia muy importante: cada persona nace con un punto de anclaje que le hace mantenerse siempre en un nivel específico de felicidad o tristeza. Quizá este descubrimiento no te haga demasiada gracia, pues es cierto que tiene una cara negativa: llegue a donde llegue nuestro nivel de felicidad momentánea, este punto de anclaje arrastrará nuestra felicidad duradera hacia su nivel habitual. Sin embargo, también podemos ver la otra cara de la moneda, la positiva, y es que este mismo anclaje nos devolverá la felicidad cuando nos ocurra cualquier tipo de desgracia. Como ves, el rango fijo de la felicidad nos asegura un punto de retorno tanto en las cosas buenas como en las malas que nos sucedan en la vida.

La «C» tiene que ver con las circunstancias externas que nos rodean. ¿Crees que se puede ser feliz sufriendo una enfermedad grave?, ¿pueden ser felices las personas pobres que no tienen apenas recursos para vivir?, ¿puede seguir disfrutando de la vida una persona con 85 años?... Durante mucho tiempo se creyó que el dinero, la juventud, la salud, la inteligencia... eran factores que nos hacían felices, pero los estudios demuestran que el grado en el que estas variables externas inciden en la felicidad humana es realmente muy bajo e, incluso, nulo. El amor es el único de los factores tradicionales que sí que parece contar en la ecuación de la felicidad. La calidad de nuestras relaciones con los demás es un buen indicador de nuestra felicidad, de ahí lo importante que resulta cultivarlas y cuidarlas.

La «V» corresponde a una serie de circunstancias o variables internas que podemos controlar de forma voluntaria, como las emociones positivas, las fortalezas personales o nuestros comportamientos y actitudes. Ya hemos visto que las circunstancias externas no son demasiado importantes para alcanzar la felicidad, son las variables internas o psicológicas —nuestra personalidad— las que realmente influyen sobre ella. De todas las variables psicológicas que parecen relacionarse con la felicidad, hay una que sobresale por encima de las demás: la extroversión. En general, las personas extrovertidas tienden a reírse y a divertirse con más frecuencia y se sienten más felices que las introvertidas en muy diversas circunstancias y situaciones.

Si pensamos en la felicidad como en una deliciosa tarta, diríamos que una porción de esa tarta, aproximadamente la mitad, corresponde a nuestra herencia genética, que es fija e invariable y, por tanto, no podemos cambiar; otra porción de la tarta, ésta bastante pequeña, corresponde a circunstancias externas, que no dependen exclusivamente de nosotros y que no parecen tener demasiado por decir, y una última porción correspondería a las variables internas, aquellas que podemos y debemos potenciar, pues son justamente la que más importancia tienen para la felicidad de las personas. Apostar por relaciones personales de calidad, experimentar emociones positivas y poner en práctica cada día nuestras fortalezas personales son aquellas cosas que podemos hacer para tener una vida más satisfactoria y plena.

Muchas veces creemos que la felicidad es una recompensa que obtendremos tras andar un largo camino, el tesoro que encontraremos después de una larga y dura búsqueda. Es un gran error pensar de esta manera. La felicidad no es algo que esté fuera y que debamos buscar como quien intenta localizar su vestido de novia ideal, sino que es algo que está dentro de nosotros, una actitud mental, un estado de la conciencia. Como hemos visto, las personas somos felices, pero nos sucede algo curioso y es que no nos damos demasiada cuenta de ello, concentrados como estamos en lo que vendrá en el futuro. El secreto de la felicidad es aprender a ser conscientes de nuestra propia felicidad en el presente. El error es pensar que la felicidad se busca y se encuentra. La felicidad está en nosotros; no es una búsqueda, sino una toma de conciencia.

Imagina que tuvieras un compañero de trabajo que todas las mañanas apareciera con una radiante sonrisa en la boca y gritando a los cuatro vientos lo feliz que es. Es probable que su actitud te despertase cierta sensación de sospecha: o bien está exagerando —es imposible ser tan feliz— o bien tiene poca cabeza —en este mundo tan complicado que nos ha tocado vivir, solo un ingenuo o un bobo podría ser feliz. Tu reacción sería del todo normal y comprensible, pues culturalmente tendemos a encontrar más interesante, profunda e intelectualmente rica a la persona atormentada que a la persona feliz. El mito del tonto feliz es una de nuestras creencias más arraigadas. Básicamente pensamos que el mundo interior de una persona feliz es más frívolo e insustancial que el de una persona melancólica o triste. Solemos explicar esta creencia basándonos en que las emociones negativas son mucho más complejas, ricas y llenas de matices que las emociones positivas, que son planas y superficiales. Sin embargo, la psicología actual nos enseña precisamente lo contrario: son las emociones positivas las que amplían nuestros recursos intelectuales y sociales, expanden la mente y estimulan la creatividad. Un grupo de médicos residentes fue dividido al azar en tres subgrupos distintos: a uno se le daba una pequeña bolsa de caramelos (situación positiva), a otro se le pedía que leyera en voz alta frases de un aburrido libro de medicina (situación negativa) y un tercer subgrupo simplemente no tuvo que hacer nada (situación neutra). A continuación, todos los médicos tuvieron que enfrentarse a un caso clínico de muy difícil diagnosis y se les pidió que pensaran en voz alta mientras formulaban sus juicios sobre el caso. Los médicos que habían recibido la bolsa de caramelos identificaron el diagnóstico correcto en menos tiempo. Generar un estado de ánimo positivo había influido en su capacidad de juicio, abierto su mente y activado su intelecto. La felicidad no es, ni mucho menos, cosa de tontos o de ingenuos.

FLUIR

¿Te has parado alguna vez a pensar qué es lo que mueve a una persona a ascender una montaña nevada de miles de metros de altura sometiendo su cuerpo a condiciones extremas y poniendo en serio peligro su vida? A pesar de que los alpinistas tienen muchas posibilidades de sufrir congelaciones y amputaciones, y de que cada año varios de ellos dejan su vida en las heladas cumbres, la gratificación que sienten al alcanzar la cima es comparable a muy pocas sensaciones de la vida. Un escalador puede estar a punto de congelarse, totalmente exhausto, correr el peligro de caer por una grieta sin fondo, pero no cambiaría el lugar en el que se encuentra por ningún otro. La experiencia de llegar a la cima después de haber llevado al extremo las capacidades físicas y psicológicas es el prototipo de la experiencia de flujo, pero por supuesto no es necesario subir al Everest para fluir; hay un montón de actividades cotidianas que generan esa sensación.

Si te has sentido alguna vez tan involucrado en una actividad que has perdido la noción del tiempo, has olvidado todos tus problemas y preocupaciones y te has entregado en cuerpo y alma a lo que estabas haciendo, disfrutando plenamente de ello, es que has tenido una experiencia de flujo. Flujo es lo que sienten a menudo los corredores de fórmula uno cuando conducen en un circuito, los atletas que corren un maratón, las bailarinas cuando danzan sobre el escenario... En realidad, es posible experimentar flujo en casi cualquier clase de actividad, todo depende de cómo nos enfrentamos a ella. Lo importante en la experiencia de flujo no es la actividad en sí misma, sino cómo la realizamos. Las personas fluyen cuando leen un buen libro, bailan con su pareja, juegan una partida de ajedrez, disputan un partido de baloncesto, cocinan un rico plato, disfrutan de un concierto, juegan con sus hijos... También pueden fluir mientras conducen, cuando conversan con amigos e, incluso, mientras están trabajando. Hasta el acto más simple puede transformarse en algo muy agradable si logramos hacer de él una experiencia de flujo, la clave está en saber convertir las actividades cotidianas en nuevos retos y desafíos.

Mihaly Csikszentmihalyi es el psicólogo que ha desarrollado el concepto de fluir. Sus investigaciones durante los años setenta le llevaron a comprobar que existen determinados momentos en los que las personas se sienten especialmente felices, realizadas y en completa armonía con la vida. A esta sensación la denominó *flujo*. Cuando una persona fluye, se encuentra por completo absorta en una actividad hasta el punto de que se siente parte de ella, está totalmente integrada en su ser. Entonces el tiempo vuela y las acciones, pensamientos y movimientos se suceden unos a otros sin pausa. Todos los sentidos fluyen en armonía, la concentración es muy intensa, no se piensa en nada irrelevante y no hay tiempo para preocuparse, los problemas cotidianos desaparecen de la conciencia y es fácil olvidarse incluso de uno mismo. Durante una experiencia de flujo, tenemos el control de nuestra energía psíquica y podemos emplear libremente nuestra atención en superar los retos que la actividad demanda, concentrándonos plenamente en lo que estamos llevando a cabo. Sentimos que estamos preparados para hacer frente a los retos que se nos presentan y que tenemos las habilidades necesarias para alcanzar los objetivos que nos hemos marcado.

Hay actividades que son más proclives a promover estados de flujo. Son actividades cuya función más importante es proveer de experiencias reconfortantes y amenas, que están reguladas por reglas que requieren el aprendizaje de habilidades, que tienen objetivos y metas, que nos proporcionan *feedback* y que facilitan la concentración. Por ejemplo, la actividad física es muy susceptible de ser transformada en flujo: deportes, gimnasia, baile, sexo, artes marciales, yoga... El deporte es una actividad que requiere concentración, esfuerzo y superación, con metas definidas, reglas y normas estructuradas, por lo que es una de las actividades en las que, con mayor frecuencia, se experimentan estados de flujo. No solo los deportes de competición, también las actividades deportivas individuales, como caminar o nadar, tienen el poder de hacernos fluir. Mejorar el rendimiento físico de nuestro cuerpo, llevar al límite nuestros músculos, ser un poco más rápidos, un poco más fuertes, llegar un poco más lejos... son estímulos que pueden proporcionarnos enormes gratificaciones. También cualquier actividad que estimule los sentidos es potencialmente una acción de flujo: contemplar una obra de arte o un paisaje, escuchar música, tocar un instrumento, degustar un buen plato, explorar las potencialidades de un alimento... La música es información auditiva organizada y ayuda a estructurar la mente del que la escucha. Escuchar música nos aleja del aburrimiento y de la inquietud y, cuando la tomamos en serio, puede inducir experiencias de flujo. Los conciertos en vivo ayudan a que la atención se centre sobre la música y hacen más probable que la experiencia de flujo surja. Las gratificaciones son aún mayores cuando se aprende a hacer música. Otra actividad de flujo por excelencia es la lectura, y existen muchas otras actividades intelectuales que lo promueven: jugar con las ideas, resolver crucigramas, cultivar el arte de la conversación, idear juegos de palabras, escribir poesía...

Fluir es algo más que una simple sensación placentera y gratificante; es una inversión a largo plazo para nuestro capital psíquico. Las experiencias repetidas de flujo nos ayudan a enriquecer nuestra personalidad. Los estados de flujo tienen la capacidad de hacer la vida más intensa y significativa, aumentando la riqueza y la complejidad del yo. Cuando un episodio de flujo finaliza, nos invade automáticamente una sensación de unidad con nosotros mismos y con el resto de cosas y personas. Según se van incrementando nuestras experiencias de flujo, la organización de nuestra conciencia es cada vez más rica y compleja, y ello nos conduce al crecimiento personal. Si somos capaces de organizar nuestra conciencia para experimentar estados de flujo con la mayor frecuencia posible, la calidad de nuestra vida inevitablemente mejorará, e incluso las actividades comunes y rutinarias se transformarán en significativas y divertidas.

Los beneficios a largo plazo del flujo no terminan aquí, pues, con el objetivo de mantener el equilibrio entre capacidades y desafíos, necesario para fluir, la persona irá desarrollando cada vez más sus capacidades para poder hacer frente a desafíos superiores. Fluir es como un motor que nos impulsa a continuar aprendiendo y mejorando para alcanzar nuevas metas y objetivos. Recuerda, por ejemplo, cuando aprendiste de niño a montar en bicicleta. Las primeras veces tus capacidades eran muy bajas, por lo que tu padre tenía que sujetarte mientras pedaleabas y seguramente contabas con el apoyo de dos pequeñas ruedecillas laterales. Con el tiempo y la práctica, fuiste mejorando y aprendiendo lo necesario para pedalear por ti mismo sin necesidad de las ruedecillas de apoyo. Si tu padre hubiera sido muy temeroso y no te hubiera querido soltar aun cuando tú ya habías aprendido a pedalear solo, pronto te habrías aburrido de montar en bicicleta. De las misma manera que si desde el primer día te hubiera dejado pedalear solo, hubieras sentido ansiedad y miedo, pues aún no estabas preparado para ello. Solo cuando las capacidades y los desafíos van al unísono, podemos fluir y, por tanto, según mejoran nuestras capacidades, debemos ir aumentando los desafíos.

Algunas personas tienen una gran facilidad para fluir. Son aquellas que suelen disfrutar de la vida y emprender actividades gratificantes por sí mismas, no tanto por su valor externo. Entre los rasgos de personalidad propios de este tipo de personas destaca la curiosidad y el interés por el mundo y la persistencia. Por el contrario, alrededor de un 15 % de las personas reconoce no haber tenido nunca una experiencia de flujo. Aunque la personalidad tiene un peso importante en la capacidad de experimentar estados de flujo, fluir es una experiencia que se puede aprender y una habilidad que puede perfeccionarse con entrenamiento. Todos podemos fluir, solo hay que saber cómo hacerlo. Aprender a fluir es aprender a disfrutar de lo que uno hace y a dar todo de uno mismo ante las cosas que se presentan en la vida.

Aprende a fluir...

Los cinco pasos para transformar tus actividades cotidianas en experiencias de flujo son los siguientes:

1. **Define las metas que quieres lograr.** Es fundamental proponer objetivos para las actividades que realizas y esforzarte por conseguirlos. Pueden comenzar siendo metas muy elementales, y aumentar progresivamente el nivel de complejidad, a medida que las vas alcanzando.

2. **Desarrolla las habilidades necesarias para superar los desafíos** que la actividad vaya demandando. Es importante que sientas que tus habilidades son las adecuadas para enfrentarte a una actividad.

3. **Aprende a concentrarte** en lo que estás haciendo y a controlar tu atención para dirigirla a los objetivos marcados. Lo importante es disfrutar de la actividad por sí misma, involucrarse al máximo y poner toda la energía psíquica en ella.

4. **Encuentra la forma de medir los progresos** que vas realizando a medida que avanza la actividad, de forma que obtengas un *feedback* lo más inmediato posible de tus resultados.

5. **Eleva el nivel de desafíos y de dificultad** cuando la actividad comience a aburrirte, de forma que se mantenga la experiencia de flujo.

FORTALEZAS PERSONALES

Debería resultarte relativamente sencillo encontrar palabras que te definan: «tengo *sentido del humor, soy generoso,* me considero una persona *optimista,* mi mejor arma es la *prudencia,* me caracterizo por mi *honestidad*»... o que definan a las personas que conoces y con las que compartes tu vida: «Me gusta por su *vitalidad,* lo admiro por su *coraje,* quién tuviera su *autocontrol...*». Todas las personas atesoramos un conjunto de características que definen nuestra forma de ser y de comportarnos. Lo que somos, es decir, nuestro yo, está formado por un conjunto de rasgos a los que damos el nombre de *personalidad.* En diferentes situaciones y distintos momentos de nuestra vida, solemos reaccionar y comportarnos siguiendo unas pautas muy parecidas que están condicionadas por esos rasgos. Ésa es la razón por la que, cuando convivimos durante mucho tiempo con una persona, por ejemplo, una pareja o un familiar, es tan común tener la sensación de que somos capaces de predecir cuál será su reacción ante determinada situación; tenemos la sensación de que conocemos tan bien a esa persona que podemos dibujar un mapa perfecto de su forma de ser y de comportarse.

En la última década, la psicología ha centrado su interés en estudiar y conocer cuáles son las características positivas que tenemos las personas, es decir, cuáles son nuestras fortalezas personales. Han sido Martin Seligman y Christopher Peterson, profesores investigadores de la Universidad de Pennsylvania, quienes han impulsado su estudio, aunque al hacerlo no están inventando nada nuevo, sino recuperando un concepto muy utilizado en la psicología tradicional, que es el concepto de *rasgo* o *característica relativamente estable de la personalidad.* De todos los rasgos de la personalidad humana, a Seligman y Peterson les interesan los positivos, los que nos hacen ser buenas personas, aquellos que nos recuerdan que el ser humano es capaz de emprender y realizar actos bellos, generosos, creativos...

Cuando Peterson y Seligman comenzaron a trabajar sobre su teoría de las fortalezas personales, estuvieron de acuerdo en que era necesario saber si lo que es positivo para unas culturas o países lo es también para otras, es decir, si es posible establecer una serie de rasgos positivos universales y válidos para todas las personas. Tras una larga y compleja tarea de documentación, descubrieron que existen seis aspectos o características positivas y deseables que han estado y están presentes en todas las grandes religiones, filosofías y tradiciones culturales del mundo. A estas características comunes les dieron el nombre de *virtudes*. Para seleccionar estas seis virtudes, tuvieron en cuenta tres criterios: en primer lugar, debían valorarse prácticamente en todas las culturas, esto es, ser universales; en segundo lugar, tenían que ser valiosas por sí mismas, no como un medio para alcanzar otros fines, y en tercer y último lugar, debían ser educables, es decir, debían poder aprenderse.

Estas seis virtudes son las siguientes:

1. Sabiduría y conocimiento.
2. Coraje.
3. Humanidad.
4. Justicia.
5. Moderación.
6. Trascendencia.

Ocurría, sin embargo, que estas seis virtudes eran nociones abstractas y nada prácticas para los psicólogos que desearan desarrollarlas y medirlas. Los psicólogos necesitan poder trabajar sobre conceptos lo más específicos y tangibles posible. Por esta razón, Seligman y Peterson decidieron subdividirlas en formas más concretas, a las que llamaron *fortalezas personales*. Así, las fortalezas son las vías o caminos que las personas utilizan para alcanzar las seis virtudes. Una fortaleza es un rasgo, una característica psicológica que se presenta en situaciones distintas y a lo largo del tiempo. Las dos características básicas que comparten todas las fortalezas es que son rasgos morales que se pueden medir y se pueden desarrollar con entrenamiento. Cualquier persona puede obtener, con tiempo, esfuerzo y determinación, las fortalezas personales.

¿Es posible conocer cuáles son las fortalezas características de una persona? Conscientes de la importancia de esta cuestión, Seligman y Peterson desarrollaron un test que fuera capaz de determinar cuáles eran características de cada persona. El Cuestionario VIA de Fortalezas Personales nos permite, a través de 250 preguntas, conocer cuáles son las fortalezas que nos pertenecen. Cada uno de nosotros posee cinco fortalezas características.

Descubre tus fortalezas personales...

Entra en <www.psicologiapositiva.org>, regístrate y rellena el cuestionario VIA para descubrir cuáles son tus cinco fortalezas características. Ten en cuenta que, seguramente, sentirás como propias la mayoría de las cinco fortalezas que te revele el test, sin embargo, es posible que alguna no te resulte demasiado real o afín a tu persona.

Esto se debe a que, a veces, no somos conscientes de que «valemos» para algo. Si te ocurre, pregunta a alguna persona que te conozca bien: lo más normal es que las personas que tenemos a nuestro alrededor sí se den cuenta de ello.

Todos los datos recogidos desde esta web van destinados a la investigación, de manera que al completar el test también estás ayudando al desarrollo de este apasionante factor humano.

Existe una versión del VIA especialmente adaptada para niños. Si tienes hijos, será para ellos, y para ti, una experiencia muy gratificante conocer sus fortalezas y aprender a ponerlas en marcha en su día a día.

Y ahora que ya conozco mis cinco fortalezas... ¿qué? La finalidad principal del Cuestionario VIA de Fortalezas Personales es mostrar a las personas cuáles son sus puntos fuertes para que, a partir de ese momento, puedan cultivarlos y potenciarlos cada día. De la puesta en práctica cotidiana y frecuente de nuestras fortalezas personales dependerá, en buena medida, nuestra felicidad. Si somos capaces de desarrollar y vivir acorde a nuestras fortalezas, aumentará considerablemente nuestra satisfacción y nuestro bienestar.

El VIA es, además, un test muy especial. Puede que te hayas dado cuenta de que la mayoría de los test que hacen los psicólogos parecen estar destinados a encontrar fallos, errores, problemas y trastornos. Mientras los rellenamos, tenemos la desagradable sensación de que van a reflejar algo «malo», algo que «nos falta» o que debemos «cambiar» o «mejorar». El VIA, en cambio, es un test positivo, ya que sea cual fuere el resultado, éste es sumamente agradable: no importa cuáles sean nuestras cinco fortalezas... ¡Todas son maravillosas! Realizar el cuestionario VIA y conocer cuáles son nuestras cinco fortalezas personales genera un estado emocional tremendamente positivo y es una gran inyección de ánimo.

Las 24 fortalezas personales

I. Sabiduría y conocimiento. Fortalezas cognitivas que implican la adquisición y el uso del conocimiento.
1. Creatividad: originalidad, ingenio.
2. Curiosidad: interés, amante de la novedad, abierto a nuevas experiencias.
3. Apertura de mente: juicio, pensamiento crítico.
4. Deseo de aprender: amor por el conocimiento.
5. Perspectiva: sabiduría.

II. Coraje. Fortalezas emocionales que implican la consecución de metas ante situaciones de dificultad externa o interna.
6. Valentía: valor.
7. Persistencia: perseverancia, laboriosidad.
8. Integridad: autenticidad, honestidad.
9. Vitalidad: pasión, entusiasmo, vigor, energía.

III. Humanidad. Fortalezas interpersonales que implican cuidar y ofrecer amistad y cariño a los demás.
10. Amor: capacidad de amar y de ser amado.
11. Amabilidad: generosidad, apoyo, cuidado, compasión, amor altruista, bondad.

---

12. Inteligencia social: inteligencia emocional, inteligencia personal.

IV. Justicia. Fortalezas cívicas que conllevan una vida en comunidad saludable.
13. Ciudadanía: responsabilidad social, lealtad, trabajo en equipo.
14. Justicia: equidad.
15. Liderazgo.

V. Moderación. Fortalezas que nos protegen contra los excesos.
16. Perdón y compasión: capacidad de perdonar, misericordia.
17. Humildad/Modestia.
18. Prudencia: discreción, cautela.
19. Autorregulación: autocontrol.

VI. Trascendencia. Fortalezas que forjan conexiones con la inmensidad del universo y proveen a la vida de significado.
20. Aprecio de la belleza y la excelencia: asombro, admiración, fascinación.
21. Gratitud.
22. Esperanza: optimismo, visión de futuro, orientación al futuro.
23. Sentido del humor: diversión.
24. Espiritualidad: religiosidad, fe, propósito.

G

GENEROSIDAD

La generosidad es la disposición a entregar lo que uno tiene a otras personas que lo necesitan, de forma desinteresada. Ser generoso implica elevarse por encima de nuestros intereses personales y anteponer las necesidades de los demás a nuestros propios deseos. Muchas veces incluso será necesario renunciar a nuestra comodidad y privarse de placeres con el fin de conseguir lo mejor para los demás. Cuando se ayuda a quienes lo necesitan, se calma a los que sufren, se comparte con los que no tienen, se acompaña al que está solo... el espíritu se ennoblece.

Para ser generoso, no hace falta tener mucho. A menudo nos decimos a nosotros mismos: «si tuviera más dinero, donaría», «si tuviera más tiempo, ayudaría». En el fondo, ésta no es más que una forma de autoengañarnos; la generosidad es algo que nace en el interior de las personas y que no depende de circunstancias externas. ¿Cuántas veces hemos conocido casos de gente que tiene mucho y no es nada generosa y gente que es capaz de compartir el único pequeño mendrugo de pan que posee para llevarse a la boca? La generosidad no se mide por el tamaño de la ayuda que se da, sino por el tamaño del corazón de quien la da. La verdadera generosidad no espera nada a cambio, porque, según se ha comprobado, el mero hecho de ser generoso repercute muy favorablemente en nuestra felicidad. Se trata de un círculo que se retroalimenta: las personas felices suelen ser más generosas y las personas más generosas son más felices. Lo maravilloso de la generosidad es que no solo influye positivamente en el estado de ánimo y la salud de quien recibe, sino también del que da.

Todos tenemos algo para dar, y no hablamos solo de dinero o de cosas materiales, sino también de talento, tiempo, apoyo, comprensión, compañía, atención... La generosidad genera un flujo de energía sano y necesario para la vida y es fundamental en las relaciones entre las personas. Solo aquellos que son generosos pueden crear verdaderos lazos de amor y amistad con los demás. Cuando una persona se comporta de forma generosa con los demás, ellos le devuelven respeto, admiración y cariño. Una persona egoísta y poco generosa, en cambio, suscita a su alrededor rechazo y desaprobación. En realidad, los seres humanos no estamos diseñados para ser egoístas. Si hemos sobrevivido como especie durante miles de años ha sido, precisamente, por nuestro carácter generoso y nuestra disposición a ayudar a nuestros semejantes. Si solo hubiésemos mirado por nosotros mismos haciendo oídos sordos a las necesidades de quienes nos rodeaban, nuestro paso por este mundo hubiera sido muy breve. La generosidad ha sido nuestra salvaguarda de vida.

Eso sí, la generosidad debe ir siempre acompañada de la prudencia. Por desgracia, existen personas que se aprovechan de la generosidad de los demás; son como vampiros que detectan a las personas generosas y chupan su sangre sin pudor ni remordimientos. La generosidad debe atender a las necesidades reales de las personas, no a sus caprichos y exigencias.

Si tienes hijos o tienes relación con niños, seguramente te hayas dado cuenta de que los niños pequeños suelen ser bastante egoístas y muy poco generosos, les cuesta compartir sus cosas con los demás o anteponer las necesidades de otros por encima de las suyas propias. Ocurre así porque su sentido de posesión es muy fuerte y su mundo, muy egocéntrico, centrado casi exclusivamente en sí mismos. No suele ser hasta los 7 años cuando los niños empiezan a ser generosos con los demás, y aquí juega un papel muy importante el aprendizaje y la observación de modelos adultos. Un niño que vea conductas generosas en casa será un niño generoso; si lo que prima en su entorno es el egoísmo, difícilmente aprenderá a dar sin recibir nada a cambio.

Pon en práctica tu generosidad: regalo de tiempo

¿Cuál crees que es el regalo más valioso que puedes hacer a una persona a la que quieres? Quizá estés pensando en algo caro o en un objeto de mucho valor, pero, sin duda, el mejor regalo que puedes ofrecer es tu propio tiempo. En un mundo en el que todos vivimos tan deprisa y en el que las horas se nos esfuman como arena entre los dedos, dedicar una parte de nuestro tiempo exclusivamente a alguien es un regalo de un valor incalculable y un maravilloso acto de generosidad.

Para realizar este ejercicio, debes escoger a alguien a quien quieras y decidir qué podrías hacer por esa persona que no implique nada más que tu propio tiempo. Planea

---

tu regalo de tiempo para esta persona y después entréga-selo. El regalo puede consistir en hacer algo junto a esa persona o también en hacer algo para ella por tu cuenta. Tómate el tiempo necesario para realizar esta actividad, considera incluso quitarte el reloj y no pensar en el tiem-po, deja que la propia actividad hable por sí sola y que el tiempo fluya sin límites. Verás como es el mejor regalo que hayas podido hacer nunca.

GIMNASIA POSITIVA

¿Vas al gimnasio siempre que puedes? ¿Practicas el tenis, la natación, el ciclismo o cualquier otro deporte que te permita mantenerte en forma? Seguro que sí y, si no lo haces, al menos tu intención es practicarlo en un futuro no lejano, aunque la rutina del día a día te lo ponga difícil. Tenemos muy claro que cuidar nuestro cuerpo es fundamental para estar sanos y por eso tratamos de ejercitarlo siempre que podemos. Pues bien, si hemos aprendido a trabajar con nuestro cuerpo para que fun-cione correctamente, ¿no deberíamos hacer lo mismo con nuestra mente? ¡Por supuesto que sí! No es solo conveniente sino necesario, que aprendamos a trabajar nuestra mente para fortalecerla y mantenerla a pleno rendimiento.

Existen muchas formas de trabajar la mente. Tenemos, por ejemplo, los ejercicios de memoria, de lógica o de resolu-ción de problemas, que nos ayudan a mantener activo nuestro intelecto; o los ejercicios de relajación y meditación, que nos ayudan a fortalecer nuestras conexiones internas. Existen también ejercicios que desarrollan la parte emocional de nuestra mente. Cuando trabajamos directamente sobre las emociones y características positivas, influimos de forma decisiva en nuestro grado de satisfacción con la vida. Con los ejercicios que te proponemos a continuación podrás trabajar lo positivo que hay en ti: tus emociones, pensamientos y actitudes positivas van a ser un motor muy importante para ayudarte a alcanzar una vida plena y feliz. Al poner en práctica estos ejercicios, estarás trabajando por tu felicidad y bienestar y, tras realizarlos, te sentirás mucho mejor contigo mismo. Llevarlos a cabo es muy sencillo, solo necesitas mucho ánimo, interés y disposición.

- **Que tengas un buen día.** «Que tengas un buen día» es una frase hecha que escuchamos y decimos con frecuencia, aunque la mayoría de las veces no la tomamos demasiado en serio. Con este ejercicio vamos a tomar, por una vez, esta frase en serio y vamos a tratar de hacer todo lo posible para tener de verdad un buen día. Lo primero que harás será establecer qué significa para ti tener un buen día. Observa con detalle los días que ya has vivido y trata de identificar las cosas que hacen que unos días sean buenos y otros malos. ¿Qué tienen los días que consideras buenos que los hacen diferentes de los malos? En esta tarea puede serte de gran ayuda tomar notas en una libreta o en un documento de Excel sobre todo lo que vas haciendo a lo largo de la jornada y dedicar unos minutos por la noche a dar una puntuación que te sirva como valoración global de cada día, siendo 1 «éste ha sido uno de los peores días de mi vida» y 10 «éste ha sido uno de los mejores días de mi vida». Lleva este «diario» durante dos semanas e incluso durante un mes, sin revisar ni modificar tus anotaciones una vez que las hayas hecho. Al finalizar este periodo, recopila toda la información y trata de encontrar las pautas que identifiquen los días malos y los distingan de los buenos. Ahora que ya lo sabes, reflexiona acerca de cómo puedes cambiar los días que van a venir para maximizar los factores que has reconocido como característicos de días buenos y minimizar los que has reconocido como malos. Se trata de que encuentres tu propia fórmula y elabores una estrategia que te permita reforzar los días buenos y eliminar los malos.

• **Las tres cosas buenas.** Vivimos tan deprisa y sumergidos en tanta rutina que muchas veces no nos paramos a disfrutar de todo lo bueno que nos rodea: aprender a ser conscientes de las cosas buenas que nos ocurren en la vida es una tarea que muchos tenemos pendiente. Precisamente este ejercicio va dirigido a aumentar tu capacidad de prestar atención a aquellas cosas positivas que te ocurren en tu día a día.

Durante una semana, antes de irte a dormir, vas a dedicar unos minutos a escribir en un cuaderno tres cosas buenas que te hayan ocurrido durante el día y vas a intentar hallar una explicación a por qué te han ocurrido. Después de la primera semana, puedes continuar haciendo el ejercicio y convertirlo en algo habitual en tu vida, aunque ya no hace falta que lo escribas, simplemente dedica unos minutos de tu tiempo cada noche a reflexionar sobre estas tres cosas buenas que te hayan pasado.

Gracias a este sencillo ejercicio, serás más consciente de las cosas buenas que te suceden y de tus estados emocionales positivos. Se ha comprobado que el proceso de traer a la mente de forma consciente los hechos vividos modifica la atención, la memoria y la manera en la que pasamos el día.

• **Escribe tu propio legado.** Cierra los ojos e imagina que estás en los últimos años de tu vida. Piensa en cómo quieres que, llegado este momento, haya sido tu vida y en cómo deseas que tus familiares y amigos cercanos te recuerden. Escribe una carta en tercera persona, como si fueran ellos quienes hablaran de ti: ¿qué resaltarían?, ¿qué logros reflejarían?, ¿qué características o fortalezas destacarían?; en definitiva, ¿cuál sería tu legado? Plantéate escribir un legado realista, que esté dentro de tus ilusiones y esperanzas pero también de tus posibilidades, un legado que pueda convertirse en realidad en un futuro. Guarda lo que hayas escrito, pero no lo pierdas. Vuélvelo a leer dentro de un año, o dentro de cinco, y reflexiona acerca de si te has acercado un poco más a los logros y las metas que escribiste. Por supuesto, siéntete libre para revisar tu legado y reescribirlo si han surgido nuevas metas.

• **El poder de la interpretación.** Quizá no te has dado cuenta de que, muchas veces, somos nosotros quienes, con un estilo de pensamiento pesimista y negativo, nos provocamos estados de insatisfacción e incluso de depresión. La vida cotidiana está llena de tareas y actividades que debemos realizar, la mayoría de las veces porque no nos queda otro remedio: hacer la comida, pasar la aspiradora, poner la lavadora, hacer gestiones, ir a la compra... Esto es algo que no podemos controlar, tenemos que hacerlo. Pero lo que sí podemos controlar es cómo lo hacemos. A todo lo que vivimos o llevamos a cabo podemos contestar con un «sí» o con un «no». Cuando nuestra respuesta es «sí», interpretamos un acontecimiento de forma positiva; cuando contestamos «no», interpretamos un acontecimiento de forma desagradable, sin sentido, como una pérdida de tiempo. Lo cierto es que la mayoría de nosotros tendemos a interpretar las obligaciones de un modo negativo.

Con este ejercicio vas a aprender a interpretar esas obligaciones de un modo positivo. Toma papel y lápiz. Elige una tarea rutinaria cuya realización despierte en ti sentimientos negativos y descríbela desde dos perspectivas: como una obligación desagradable y como una experiencia positiva. Este ejercicio invita a plantearnos cómo sería nuestra vida si realizáramos con agrado todo lo que tenemos que hacer. Se trata de aprender a reinterpretar las actividades rutinarias de un modo nuevo y positivo, de manera que la vida se convierta en algo mucho más excitante e interesante.

• **Valora tu pasado.** La relación que tenemos con nuestro pasado se refleja en la actitud que adoptamos ante nosotros mismos. Las personas tenemos la mala costumbre de analizar nuestro pasado prestando atención a los fallos que cometimos y a los sufrimientos que padecimos, reprochándonos no haber actuado de otra manera o no haberlo hecho mejor. Con estos pensamientos negativos, nuestra mente se llena de pesimismo y resentimiento.

Este ejercicio es una sencilla pero eficaz invitación a reconciliarte con tu pasado, tratando de focalizar la memoria en los recuerdos de acontecimientos positivos. Se trata de que olvides los errores cometidos y te centres en aquello que has alcanzado.

Escoge un momento del día en el que te encuentres relajado y sin otras obligaciones que hacer por delante. Coge una hoja de papel en blanco y dedica el tiempo que necesites a recordar y escribir los acontecimientos y vivencias positivos más importantes de tu vida. ¿Cuál ha sido tu mayor triunfo?, ¿qué es lo que más agradeces de tu vida?, ¿qué has aprendido a lo largo de los años? Una vez que hayas terminado de escribir, relee el texto y guárdalo en tu mesilla de noche para recordarlo en cada ocasión que en el futuro te sorprendas reprochándote por las cosas que no hiciste o que no lograste en el pasado.

GRATITUD

Dice un refrán popular que «de bien nacido es ser agradecido». Sin embargo, las personas solemos expresar muy poco nuestro agradecimiento. En el mundo en el que vivimos, se aplauden cualidades como la iniciativa, la seguridad, la autoconfianza... Cada día que pasa nos convertimos en personas más centradas en nosotras mismas, más individualistas, y vamos perdiendo los lazos que nos unen al resto de la gente. La gratitud es un valor que no tiene demasiada cabida en la sociedad actual, simplemente la pasamos por alto. Cometemos un gran error al hacerlo, pues valorar y dar las gracias por todo lo que nos sucede, así como reconocer a quienes contribuyen a ello, nos acerca un poco más a la felicidad que tanto deseamos. Las personas agradecidas suelen ser más optimistas, experimentan emociones positivas con mayor frecuencia y están más satisfechas con su vida que las poco agradecidas.

La gratitud es un sentimiento que nace cuando somos capaces de apreciar lo que otra persona ha hecho por nosotros. A través de la gratitud, expresamos el agradecimiento hacia otras personas o hacia la vida en general. Agradecer no consiste simplemente en devolver un favor o saldar una deuda, sino en apreciar lo que otra persona ha hecho por nosotros, su generosidad. El agradecimiento nos permite acercarnos al otro y estrechar lazos afectivos, pues dar las gracias a alguien crea un vínculo emocional muy fuerte y enriquece la relación entre dos personas. Frente al egoísmo y la vanidad, que solo llevan a mirar hacia uno mismo, la gratitud implica mirar hacia los demás y reconocer lo bueno que hay en ellos.

Haz memoria y trata de recordar cuál fue la última vez que dijiste «gracias». Y no vale que lo hicieras de forma mecánica, como una frase hecha, sino desde el corazón. Muchas personas juegan un papel fundamental en nuestra vida, nos inspiran, nos apoyan, nos ayudan a superarnos. Por desgracia, suele suceder con frecuencia que esperamos demasiado y la vida se nos pasa sin que hayamos podido dar las gracias a esas personas. Cuando esto ocurre, nos invade una desagradable sensación de culpa y reproche que se instala en nosotros para quedarse. Ser capaces de expresar nuestro agradecimiento a las personas que queremos en el momento adecuado es una virtud que debemos y podemos cultivar. Expresar gratitud a una persona importante en nuestra vida es una experiencia muy emocional y profunda.

Pero no solo nuestros amigos, familiares y otras personas cercanas deben ser objeto de nuestra gratitud. Diariamente son muchas las personas que, con pequeños gestos o acciones, nos hacen la vida más sencilla: el cartero que nos guarda los paquetes cuando no estamos en casa, la dependienta que nos ayuda a encontrar lo que buscamos, el taxista que nos devuelve una cartera olvidada en el asiento trasero... Piensa en el número de veces que das las gracias a lo largo del día. Si te das cuenta de que son pocas, trata de incrementarlas durante la próxima semana. Comprobarás que tu estado de ánimo mejora considerablemente y que te sientes más feliz y alegre.

Además de expresar gratitud hacia las personas, también es posible hacerlo hacia el mundo en general y hacia las cosas que nos ocurren. Es cierto que la vida no es fácil y todos nos topamos con numerosos contratiempos; sin embargo, también tenemos la oportunidad de vivir cosas maravillosas, alcanzar nuestros sueños, crecer como personas. Ser conscientes de lo bueno que nos ocurre y poder expresar nuestro agradecimiento es un camino que hay que recorrer si queremos alcanzar la felicidad. Puedes agradecer el simple hecho de estar vivo, que luzca el sol, que puedas salir a pasear al parque... La vida está llena de momentos para expresar gratitud, ¡no los dejes escapar! Aprender a expresar nuestra gratitud es una fuente de felicidad y enriquecimiento.

No todas las personas son capaces de sentir agradecimiento. La falta de humildad, la soberbia y el egoísmo son rasgos que llevan a las personas a no darse cuenta del bien que les hacen los demás. Los ingratos son incapaces de reconocer cualquier mérito que no sea el suyo, están exclusivamente centrados en ellos mismos y en su vanidad. Si conoces a alguien que actúe de esta manera, sabrás muy bien que la relación con ellos es difícil y desalentadora; esforzarse en ayudar a alguien y no recibir el más mínimo reconocimiento va minando poco a poco cualquier relación, por eso estas personas suelen tener muy pocos amigos y muchos problemas para crear vínculos estrechos con nadie. Lejos de lo que puedan creer algunas personas, el agradecimiento no es un signo de debilidad, sino, muy al contrario, de fortaleza. Las personas agradecidas no solo establecen relaciones personales más sanas, sino que son más generosas y altruistas. En general, cuando nos sentimos agradecidos, aumenta nuestra disposición a ayudar a otras personas. La gratitud une a las personas, aumenta nuestra disposición a ayudar, a ser amables, responsables y afectuosos.

Michael McCullough y Robert Emmons son dos investigadores norteamericanos especializados en el estudio de la gratitud que han elaborado una sencilla escala para medir cuánta gratitud sentimos. Es una medida sumamente sencilla que puedes realizar tú mismo en pocos minutos. Simplemente debes puntuar las siguientes afirmaciones del 1 al 7, siendo el 1 «estoy muy en desacuerdo», el 2 «estoy en desacuerdo», el 3 «estoy ligeramente en desacuerdo», el 4 «ni de acuerdo ni en desacuerdo», el 5 «estoy ligeramente de acuerdo», el 6 «estoy de acuerdo» y el 7 «estoy muy de acuerdo»:

1. Tengo mucho en la vida por lo que estar agradecido.
2. Si tuviera que hacer una lista con todo lo que agradezco, ésta sería muy larga.
3. Cuando observo cómo está el mundo, no veo mucho por lo que estar agradecido.
4. Le estoy agradecido a una gran cantidad de personas.
5. A medida que me hago mayor, soy más capaz de apreciar a las personas, los acontecimientos y las situaciones que han formado parte de mi historia personal.
6. Puede pasar mucho tiempo hasta que siento agradecimiento por alguien o algo.

Ahora no tienes más que sumar tus puntuaciones en las afirmaciones 1, 2, 4 y 5 e invertir la puntuación de las afirmaciones 3 y 6 (si marcaste un 1, puntúa 7; si marcaste un 3, puntúa 5) para sumárselas al primer resultado. Esta simple operación te permitirá conocer tu nivel de gratitud: si tu puntuación fue menor de 38, eres una persona poco agradecida; para ti están hechos, sobre todo, los ejercicios que te presentamos a continuación. Si has puntuado entre 39 y 42, vas por el buen camino, el agradecimiento es una de tus cualidades. Y si has superado los 42 puntos, enhorabuena, eres una persona extremadamente agradecida, que no solo harás feliz a los que te rodean, sino también a ti misma.

Cuando se aplica esta escala de gratitud a grandes grupos de personas, se comprueba que, en general, las mujeres son ligeramente más agradecidas que los hombres. Las personas mayores también puntúan más alto en gratitud que las jóvenes.

Expresa tu agradecimiento...

¿Qué podemos hacer para dar mayor importancia al agradecimiento en nuestras vidas? A continuación te proponemos dos sencillos ejercicios que te ayudarán a tomar conciencia de cuanto te rodea y que es susceptible de tu gratitud.

1. **El diario de gratitud.** Prepara una libreta con una página para cada uno de los próximos quince días y dedica cinco minutos todas las noches a reflexionar sobre lo que has vivido durante el día. Escribe hasta cinco aspectos de ese día por los que estés agradecido. Transcurridas estas dos semanas, repasa todo lo que has escrito en tu diario de gratitud. Puedes continuar haciendo el ejercicio y convertirlo en una rutina antes de dormirte; no hace falta que lo escribas, basta simplemente con que repases mentalmente tus agradecimientos diarios, aunque, si lo haces, podrás releer cada vez que quieras el diario y eso te hará sentir más alegre y motivado, sobre todo en momentos en los que te sientas triste o decaído.

2. **La carta de gratitud.** Piensa en alguna persona (pariente, amigo, profesor, entrenador, jefe...) que en algún momento de tu vida haya sido especialmente buena contigo, que te haya ayudado o se haya portado bien, pero a la que no hayas tenido nunca la oportunidad de agradecérselo. Una vez que tengas a esta persona en tu mente, vas a escribirle una «carta de gratitud» en la que describirás con detalle y sinceridad por qué le estás agradecido. Si es posible, entrega esta carta personalmente e invita a la persona a que la lea en tu presencia. Si no es

posible, envíala por correo, fax o *mail,* y telefonea a la persona cuando creas que ya haya tenido la oportunidad de leerla. Seguramente terminaréis fundidos en un gran abrazo o llorando de emoción.

H

HONESTIDAD

Imagina que mañana, mientras paseas tranquilamente por el parque de tu barrio, encuentras tirada detrás de un seto una cartera con mil euros en su interior y todos los documentos del propietario. ¿La devolverías a su legítimo dueño con todo su contenido? Si tu respuesta es afirmativa, puedes enorgullecerte de ser una persona honesta.

La honestidad es la cualidad humana que lleva a actuar y a comportarse de forma coherente, con un profundo sentido de la verdad y la justicia. Ser honesto es vivir en congruencia con lo que cada uno piensa y siente, comportarse de manera transparente y clara, sin ocultar nada, diciendo siempre la verdad. Además de la sinceridad, la honestidad implica también la honradez: quien es honesto no coge nada que no le pertenezca, no solo en lo material, sino también en lo espiritual. Y, por supuesto, el compromiso: quien es honesto cumple sus promesas y asume sus responsabilidades y obligaciones sin engaños ni trampas. También es discreto ante las confidencias personales y secretos que los demás revelan en la intimidad. La honestidad es una de las cualidades más buscadas y apreciadas en una persona, pues es un concepto global que, como ves, incluye muchos pequeños detalles positivos.

Comportarse de forma honesta genera confianza, tranquilidad, credibilidad y respeto en quienes nos rodean, por eso es un requisito indispensable para que las relaciones entre las personas funcionen correctamente. Por desgracia, es frecuente toparse con personas que se comportan de forma deshonesta: la hipocresía, la mentira, el engaño, la falta de compromiso, el incumplimiento de promesas... generan desconfianza, rompen los lazos que unen afectivamente a las personas y hacen muy difícil la convivencia.

Como tantas otras cosas, la honestidad es una cualidad que las personas debemos aprender cuando somos pequeños. Los niños pequeños viven en un mundo egocéntrico en el que ellos son el centro: todo gira en torno a ellos. Por eso, en la primera infancia suelen utilizar cualquier estratagema para conseguir lo que quieren sin importar demasiado si es o no correcta. Poco a poco este egocentrismo inicial va cediendo paso a comportamientos más honestos y el niño va aprendiendo el valor de la sinceridad, el compromiso y la honradez. Para que esto ocurra, por supuesto, es fundamental la educación que reciba en su entorno familiar más próximo.

¿Qué es lo que diferencia a las personas honestas de las deshonestas? Un grupo de psicólogos de la Universidad de Harvard, utilizando técnicas de neuroimagen para explorar el cerebro, descubrieron que la honestidad depende de la ausencia de tentaciones y no de la resistencia activa a ellas. Plantearon a un grupo de personas la posibilidad de ganar dinero haciendo trampas y comprobaron que las personas honestas no tenían que hacer esfuerzo alguno para serlo, su actitud era natural y espontánea. La actividad cerebral de las personas honestas no cambiaba ante la tentación, mientras que, en los cerebros de quienes se comportaron de forma deshonesta, se detectó actividad cerebral extra en las áreas del cerebro que se encargan del control y la atención. La persona honesta no siente la tentación aunque la haya y, por tanto, no tiene que resistirse a ella. Ser honesto no depende de un esfuerzo voluntario, sino de la simple y natural predisposición a la honestidad.

El decálogo de la honestidad

1. Sé sincero.
2. Cumple tus promesas.
3. Juega limpio.
4. Reconoce tus errores, rectifica y pide perdón si es necesario.
5. No te apropies de lo que no es tuyo.
6. Evita las críticas a espaldas de lós demás.
7. Sé discreto con las confidencias y secretos de terceras personas.
8. Respeta a los demás.
9. No rompas la confianza que los demás depositan en ti.
10. Sé justo.

HUMILDAD

Puede que la palabra *humildad* no genere en ti demasiadas expectativas. Es cierto que tendemos a asociar esta cualidad humana con la debilidad. Sin embargo, ser humilde no implica, ni mucho menos, ser débil o dejarse pisar por los demás; muy al contrario, es un rasgo de personalidad fundamental para mantener buenas relaciones con quienes nos rodean, afrontar con éxito los reveses de la vida y, por supuesto, para sentirse bien y ser feliz. Ser humilde no es otra cosa que reconocer las propias limitaciones y defectos, y actuar en consecuencia. Tomar conciencia de aquello de lo que carecemos, lejos de hacernos sentir inferiores o inútiles, nos ayuda a mejorar. Solo cuando somos capaces de darnos cuenta de aquello que nos falta, tomamos la perspectiva suficiente para trabajar sobre ello y cambiarlo. La humildad es el mejor antídoto contra la arrogancia y la vanidad, que tantas veces nos ciegan y no nos permiten ver la realidad tal como es.

La humildad no es una virtud demasiado popular, quizá porque suele ser confundida con la humillación y la sumisión. Podemos pensar que ser humilde implica sentirse inferior a los demás y someterse a su voluntad y a sus deseos. Sin embargo, la persona humilde no es la que se cree inferior, sino la que no se cree superior a los demás, un matiz sutil pero importantísimo para apreciar esta cualidad en todo su esplendor. La humildad no nos lleva a subestimarnos ni a menospreciarnos, sino que nos ayuda a encontrar la justa medida que nos acerca a la realidad de nuestro ser. Humilde es una persona que actúa sin necesidad de gritar a los cuatro vientos sus méritos y excelencias, y que evita hacer de sus éxitos un pretexto para vanagloriarse. Hay personas, por el contrario, que constantemente necesitan demostrar su superioridad a los demás, regodearse en sus logros. Por supuesto, no es algo negativo reconocer el valor de uno mismo. Sentirse orgulloso de los éxitos alcanzados es muy positivo. Pero todo en su justa medida. El problema surge cuando se convierte en una necesidad de cara a la galería y nuestro ego se infla tanto que el único fin de nuestros éxitos parece ser que los demás los reconozcan. La humildad nos mantiene con los pies en la tierra, es como un contrapeso que nos ata al suelo cuando empezamos a creer que volamos demasiado alto.

El gran poder de la humildad radica en que está conectada con muchas otras cualidades fundamentales para ser feliz. En la humildad se encuentra la base del respeto hacia los demás. Cuando reconocemos que no somos mejores que el otro, entendemos que no tenemos el derecho a manipularle ni a pasar por encima de él. Y también es la base de la empatía. Reconocer las necesidades emocionales de los demás solo es posible desde la humildad, y solo podemos ponernos en el lugar del otro si lo consideramos un igual. La humildad nos permite, asimismo, aprender de todas las experiencias que vivimos. Al asumir que no lo sabemos todo y que nos falta mucho por aprender, abrimos la puerta al crecimiento personal y al desarrollo. Quien cree que todo lo sabe ya, difícilmente aprovecha las oportunidades de aprendizaje que le brinda la vida. Lejos de ser signo de debilidad, la humildad es signo de grandeza.

HUMOR

El clérigo Henry Ward Beecher dijo una vez que «una persona sin sentido del humor es como una carreta sin amortiguadores; se ve sacudida por todos los baches del camino». Sus palabras encierran una gran verdad: ver el lado cómico de la vida y de las cosas que suceden nos ayuda a enfrentar mejor las vicisitudes que nos depara el destino. El mundo en el que vivimos no es nada fácil, todos lo sabemos, pero tiene también una cara divertida que con frecuencia nos acabamos perdiendo.

Quitar solemnidad y gravedad a lo que nos pasa, lejos de convertirnos en frívolos, nos ayuda a llevar una vida más positiva y feliz. Puedes estar pensando que existen situaciones en las que no tiene cabida el humor, pero incluso los momentos más complicados y dramáticos se afrontan mejor si los vivimos tratando de encontrar su punto más cómico. El humor actúa como un mecanismo de defensa que nos ayuda a darnos cuenta de que la vida es una tragicomedia que no debemos tomar demasiado en serio. Para reírse de uno mismo y contemplar lo que nos pasa desde una perspectiva cómica, tenemos que aprender a relativizar lo bueno y lo malo que nos ocurre en la vida. Victor Frankl, escritor judío, superviviente del holocausto, recordaba en su libro *El hombre en busca de sentido* cómo el sentido del humor le había salvado de rendirse y dejarse morir durante todo el tiempo que pasó encerrado en aquel terrible campo de concentración. La vida está plagada de obstáculos complicados, eso es algo sobre lo que no tenemos control alguno, pero sí que está en nuestras manos transformar esos obstáculos en oportunidades para aprender, crecer y practicar nuestro sentido del humor.

El sentido del humor es una de las fortalezas humanas más positivas. Es un proceso cognitivo emocional complejo que implica una actitud lúdica y positiva ante la vida, que ayuda a relativizar los problemas y a verlos con cierta distancia. Al igual que otros sentidos, el «sentido del humor» es un sistema diseñado para detectar ciertos estímulos en el entorno. Cuando un estímulo activa nuestro sentido del humor, nos invade una emoción positiva que suele ir acompañada de una respuesta motora y social, que es la risa.

Al tratarse de un rasgo de personalidad, algunas personas tienen su sentido del humor muy desarrollado y encuentran muchos estímulos en su vida cotidiana que lo despiertan; otras, en cambio, parecen tenerlo siempre adormecido y resulta muy complicado sacarles una sonrisa. Y tú, ¿cuál de estas dos clases de persona eres? Con el sentido del humor sucede algo curioso y es que la mayoría de las personas son muy reacias a reconocer que les falta. No solo es realmente difícil encontrar a alguien que reconozca no tener sentido del humor, sino que además las personas solemos creer que tenemos mejor sentido del humor que los demás. En los años sesenta, un psicólogo entrevistó a un grupo de personas y le preguntó sobre su sentido del humor. El 94 % aseguró tener mejor sentido del humor que el resto de sus compañeros, lo que es lógicamente imposible.

El sentido del humor puede aprenderse y ejercitarse. La práctica diaria y constante fortalece nuestros músculos de la risa y convierte en algo natural y espontáneo lo que al principio podía no serlo. Potenciar el sentido del humor y convertirlo en parte integrante de nuestra personalidad nos reporta grandes beneficios: las persona capaces de reírse a menudo, tomarse la vida menos en serio y afrontar hasta las situaciones más difíciles con un toque de humor tienen entre sus manos una fuente de felicidad inagotable.

Aprende a reírte de ti mismo...

De todas las formas de humor posibles, una de las más sanas y saludables es reírse de uno mismo. Todas las personas tenemos complejos, siempre hay algo de nosotros que no nos gusta, incluso que puede llegar a avergonzarnos; la mayoría de las veces se trata de aquello que tiene que ver con nuestro aspecto físico y nuestra apariencia:

una nariz prominente, unas caderas anchas, una incipiente calvicie...

Reírse de uno mismo no siempre es fácil y, aunque para algunas personas es algo natural y espontáneo que nace de su personalidad y forma de ser, para muchas otras resulta una tarea complicada y que requiere un esfuerzo consciente por su parte. Si te sientes identificado con aquellas personas a las que les cuesta reírse de sí mismas, te proponemos practicar el siguiente ejercicio que el experto en humor Eduardo Jáuregui ha llamado *monólogo cómico*. Elige un tema que te moleste: las arrugas, la calvicie, la nariz prominente... y utiliza tu creatividad humorística para escribir sobre dicho tema. Diviértete y desahógate con ello. Búscale el lado absurdo, lo ridículo que tiene o el ridículo en el que te deja, exagera el problema hasta el límite, inventa soluciones imposibles, crea comparaciones divertidas o propón disparatadas hipótesis o excusas para explicar lo que sucede. Escribe todas las ideas que se te ocurran, y luego selecciona las mejores. Al final, léelo en voz alta o, si te atreves, léeselo a alguien, a ser posible que comparta tu mismo problema. Verás cómo no tardas en aprender a ver las cosas que antes te molestaban desde un prisma nuevo, mucho más positivo y divertido.

Existen numerosos estudios científicos que demuestran que el sentido del humor nos aporta grandes beneficios tanto físicos como mentales. Así como la ansiedad, la depresión, el odio, la frustración o el estrés pueden ejercer efectos negativos sobre la salud de las personas y provocar enfermedades, la investigación actual ha encontrado sólidas pruebas científicas de que la alegría, el amor, el optimismo, el sentido del humor y la risa ejercen efectos positivos y pueden ayudar a prevenir y combatir enfermedades.

El sentido del humor contribuye a la salud de muy diversas maneras: relaja los músculos, reduce las hormonas que segrega el cuerpo bajo situaciones de estrés, potencia el sistema inmunológico, reduce el dolor... En una investigación, dividieron a un grupo de pacientes que pasaba su convalecencia postoperatoria en dos subgrupos: uno de ellos veía películas cómicas y para el otro subgrupo se proyectaban filmes de otros géneros. Los resultados fueron contundentes: los pacientes que durante su convalecencia vieron películas cómicas necesitaron menores cantidades de analgésicos para controlar su dolor que aquellos que vieron otro tipo de filmes. Se han realizado infinidad de estudios como éste, que relacionan el sentido del humor con procesos de recuperación más cortos, menor sensación de dolor y menor necesidad de fármacos. También numerosos estudios han analizado la respuesta de nuestro sistema inmunológico al humor. El sistema inmunológico está formado por un conjunto de mecanismos que protegen nuestro organismo de infecciones. Cuando el sistema inmunológico falla, aparecen infecciones provocadas por bacterias, virus, hongos... y enfermedades como el cáncer. Las emociones negativas, como la ira, la tristeza o la ansiedad, tienen un efecto inmunodepresivo, es decir, disminuyen la eficacia de la respuesta del sistema inmunológico. Por el contrario, el sentido del humor y otras emociones positivas tienen un efecto potenciador de este sistema. Analizando las muestras de sangre de un grupo de voluntarios, se comprobó cómo, tras una buena sesión de risas, aumentaba el número y el nivel de actividad de las células encargadas de defendernos de los ataques externos.

El sentido del humor actúa no solo sobre nuestra salud física, sino también sobre la salud mental. Con buen humor se piensa mejor, se ensancha nuestro horizonte intelectual y podemos resolver problemas de forma más eficaz. El humor es, además, una fantástica estrategia con la que afrontar los problemas: tomarse los pequeños contratiempos y desbarajustes cotidianos con sentido del humor es mentalmente mucho más saludable que responder con ira o enfado. Y, por supuesto, tiene una increíble capacidad para actuar como barrera protectora contra el estrés, ese gran monstruo con el que nos enfrentamos las personas en estos tiempos modernos, y que tan negativamente influye en nuestra salud. El humor reduce el estrés y así elimina todos los efectos nocivos que éste tiene sobre nuestro organismo.

I

ILUSIÓN

Dice la sabiduría popular que de ilusiones también se vive. Y es que imaginar una vida sin ilusión resulta bastante deprimente, ¿verdad? Las personas nos ilusionamos con las cosas que nos ocurren y con las que deseamos que nos sucedan; mantener viva la ilusión es uno de los grandes aliados en nuestro empeño por alcanzar la felicidad. Sin embargo, tampoco es difícil darse cuenta de que las ilusiones pueden convertirse en enemigas de las personas al impedirles ver la realidad tal como es. A la palabra *ilusión* le ocurre, en castellano, algo que no le sucede en otros idiomas y es que su significado tiene dos referencias completamente distintas. Una ilusión es una creencia que se aleja de la realidad. Podemos considerarla como un engaño, una burla a los sentidos que entorpece nuestra percepción, como las ilusiones ópticas, por ejemplo. A nuestros sentidos parece fácil engañarlos, como el que ve un oasis en el desierto y resulta no ser más que un espejismo. Pero la ilusión es también la esperanza de que aquello que deseamos termine sucediendo, el motor que nos impulsa a luchar por nuestros sueños y a esforzarnos por conseguir aquello que queremos.

Podríamos pensar que, si las ilusiones nos separan de la realidad y nos engañan, son perjudiciales y más nos valdría huir de ellas; sin embargo, ver el mundo un poco mejor de lo que es, o esperar mejores resultados de los que serán en realidad, es un pequeño truco de nuestra mente que nos permite adaptarnos y sobrevivir. Las ilusiones positivas son saludables y adaptativas. Las personas estamos programadas para distorsionar la realidad en positivo: confiamos en que el futuro será más prometedor que el presente y, a la vez, tendemos a recordar nuestro pasado mejor de lo que fue; de entre todos los momentos que vivimos a lo largo de nuestra vida; la memoria selecciona los positivos.

Las ilusiones positivas son poco realistas, sí, pero promueven la salud mental de las personas y les ayudan a vivir. Las ilusiones positivas mejoran la productividad, impulsando a las personas a perseverar en situaciones en las que se habrían rendido mucho antes de no ser por su estímulo. Cuando creemos que somos capaces de alcanzar un objetivo difícil, nuestra expectativa positiva genera la energía y el entusiasmo suficientes como para llegar a él, y quizá no lo consigamos del todo, pero las ilusiones positivas seguramente nos habrán ayudado a avanzar un poco más lejos de lo que lo habríamos hecho sin ellas.

Las ilusiones son distorsiones «saludables» de la realidad, pues las personas necesitamos un cierto autoengaño para mantenernos motivadas. Imagina que quieres encestar una pelota desde el medio del campo. Sí, todos sabemos que es realmente difícil, que incluso los mejores jugadores de la NBA lo logran pocas veces en su vida, pero, desde luego, si no tienes la ilusión de que puedes lograrlo tal vez nunca lo harás, ni siquiera lo intentes. Cuando una persona pierde la capacidad de ilusionarse desarrolla serios problemas de adaptación e incluso trastornos muy severos, como la depresión. Perder la ilusión es perder las ganas de hacer cosas, de afrontar nuevos retos, las ganas de vivir. Las ilusiones positivas son especialmente importantes en momentos difíciles, ya que nos permiten sentir esperanza ante situaciones que no controlamos y motivación ante obstáculos que pueden parecer insuperables. La gente que es capaz de desarrollar o mantener sus ilusiones ante los reveses de la vida los afronta y supera mucho mejor.

Si un amigo tuyo descubriera que tiene una enfermedad grave de pronóstico muy poco favorable, qué crees que debería hacer: ¿asumir estoicamente la realidad o mantener la ilusión de una probable curación? Seguramente tiendas a aconsejarle que afronte la realidad tal como es; sin embargo, no es éste el mensaje que nos transmiten diferentes estudios: son las personas que ven la realidad un poquito mejor de lo que es las que mejor afrontan las enfermedades e, incluso, las que mejor se recuperan de ellas. Así lo descubrió Shelley E. Taylor, una de las investigadoras que con más profundidad ha estudiado las ilusiones positivas, en un estudio con pacientes con SIDA. Quienes tenían ilusiones positivas aumentaron su supervivencia en comparación con los pacientes que tenían una visión realista de su enfermedad. Los pacientes de SIDA que tuvieron una aceptación realista de la enfermedad murieron nueve meses antes que los que mantuvieron una ilusión de control sobre ella.

Las ilusiones positivas se refieren a tres aspectos de la vida: valoraciones positivas sobre uno mismo, creencias sobre el grado de control del entorno y expectativas irreales sobre el futuro. Las personas tendemos a evaluarnos a nosotros mismos de manera excesivamente positiva. Esta tendencia recibe el nombre de «efecto de ser mejor que el promedio» y consiste, básicamente, en que la mayor parte de la gente se ve a sí misma mejor que los demás, se cree más inteligente, amable, divertida, sincera, honesta... que la persona que se encuentra en el término medio. Tenemos también la creencia de que podemos ejercer más control sobre las circunstancias ambientales del que en realidad tenemos. Las percepciones exageradas de autocontrol y dominio se ven con frecuencia en los juegos de azar. ¿Cuántas veces has jugado a la lotería con una poderosa sensación de que tus números iban a ser los premiados? Y, por último, poseemos una tendencia a ser irrefrenablemente optimistas acerca del futuro. Siempre solemos creer que el presente es mejor que el pasado, y que el futuro será mejor que el presente. Cuando pensamos en el futuro, sobrestimamos la probabilidad de experimentar sucesos agradables y subestimamos el riesgo de padecer sucesos desagradables. Si piensas en tu futuro, te verás a ti mismo felizmente casado y con hijos, o triunfando en tu profesión, no sufriendo una enfermedad grave o falleciendo en un accidente de tráfico.

Las personas vivimos de ilusiones, y poco importa que sean exageradas, siempre y cuando nos ayuden a vivir mejor e, incluso, a alcanzar nuestros sueños. Ver la realidad un poco mejor de lo que es, lejos de hacernos daño, nos aporta un gran beneficio mental y físico.

Comprueba el poder estimulante de tus ilusiones...

A primera hora de la mañana, coge una hoja en blanco y haz una lista de tareas que pretendas hacer a lo largo del día. Trata de ajustar la lista lo máximo posible a la realidad y a lo que verdaderamente vas a tener tiempo y ganas de hacer. Cuando termine el día, revisa la lista y comprueba hasta qué punto has cumplido todo lo que te propusiste.

Ahora, vas a cambiar la forma de trabajo: elige otro día y, a primera hora de la mañana, vuelve a tomar una hoja de papel y a escribir la lista de tareas por hacer. Sin embargo, en esta ocasión, se trata de que no pongas límites: escribe en tu lista todas aquellas cosas que te gustaría hacer en ese día sin pararte a pensar si finalmente tendrás tiempo de hacerlas todas; se trata de una lista ideal en la que vas a anotar el máximo de tareas que quieres realizar.

Al final del día, toma de nuevo la lista y repásala. Con seguridad, no habrás completado todas las tareas que te propusiste, pero será muy probable que descubras que has hecho muchas más tareas que si hubieras escrito una lista más realista. La ilusión que pusiste en confeccionar esta segunda lista ha actuado como un motor, ha funcionado como un estímulo y te ha impulsado a llevar a cabo más tareas a lo largo del día de las que hubieras podido creer.

¿Recuerdas tus notas cuándo estudiabas en el colegio? ¿Eras bueno en lengua, se te daban bien las matemáticas, aprobabas por los pelos la física...? Todas las asignaturas que tenemos en el colegio están orientadas a enseñarnos conocimiento, a formar nuestro intelecto y a llenarnos de saber racional. Los niños que sacan buenas notas son inteligentes y triunfarán cuando sean adultos, los que tienen malas notas nunca llegarán a ser nada en la vida. ¿A alguien le importó qué sacaste en amabilidad, en agradecimiento o en empatía? En el colegio no se enseñan estas cosas y, sin embargo, pertenecen a un área fundamental del cerebro humano: la inteligencia emocional. Matemáticas, lengua, historia, física... son materias imprescindibles para la formación del niño, pero una educación completa e integral que ayude al ser humano a desarrollarse de forma plena debe incluir también asignaturas dirigidas al aprendizaje de la percepción, el conocimiento y la regulación de nuestras emociones y de las de los demás.

Seguramente habrás oído hablar en más de una ocasión de la inteligencia emocional, pues en los últimos años se ha convertido en una expresión que se usa con frecuencia en la calle y en los medios de comunicación. La inteligencia emocional (IE) es la habilidad que nos permite percibir, comprender y regular nuestras emociones y las emociones de los demás con el objetivo de impedir sus efectos negativos y aprovechar sus aspectos positivos.

La historia oficial de la inteligencia emocional comienza en 1995, año en el que Daniel Goleman publicó su libro *Inteligencia emocional*, que no tardó en convertirse en un *best-seller* y vender millones de ejemplares en todo el mundo. En realidad, el desarrollo del concepto de inteligencia emocional se remonta varios años atrás, concretamente a 1990, cuando dos psicólogos estadounidenses, Peter Salovey y John Mayer, publicaron un artículo llamando la atención sobre un tipo de habilidad de manejo de las emociones que parecía distinguir a niños que, aunque no tenían una inteligencia demasiado elevada, no solo obtenían buenos resultados académicos, sino que además sus relaciones personales eran mejores que las de otros compañeros que poseían una inteligencia superior. Este hallazgo representó la semilla de lo que, en psicología, se conoce como *inteligencia emocional*.

La inteligencia emocional está formada por cuatro componentes:

1. **Percepción y expresión emocional.** Reconocer de forma consciente nuestras emociones, identificar qué sentimos y ser capaces de darle una etiqueta verbal.
2. **Facilitación emocional.** Capacidad para generar sentimientos que faciliten el pensamiento.
3. **Comprensión emocional.** Integrar lo que sentimos dentro de nuestro pensamiento y saber considerar la complejidad de los cambios emocionales.
4. **Regulación emocional.** Dirigir y manejar las emociones tanto positivas como negativas de forma eficaz. Es la habilidad para moderar o manejar nuestra propia reacción emocional ante situaciones intensas, ya sean positivas o negativas.

Cuántas veces has oído aquello de que «no dejes que las emociones influyan en tus decisiones», «no pienses con el corazón, sino con la cabeza»... Seguro que muchas a lo largo de tu vida. La razón y la pasión, el corazón y el cerebro... siempre han sido considerados aspectos opuestos de la mente humana, y en este enfrentamiento las emociones siempre han salido perdiendo, ocupando un lugar secundario a la razón. Filósofos y científicos de todas las épocas han puesto en duda que emoción y razón puedan ser compatibles e, incluso, sean capaces de beneficiarse una de la otra. Por norma, asumimos que las personas inteligentes, capaces de resolver problemas y tomar decisiones de forma fría y racional, son exitosas, mientras que aquellas personas más sensibles, que tienden a guiarse por sus emociones, son menos eficaces. Solemos pensar que las emociones deben quedarse fuera a la hora de tomar decisiones y de actuar de forma eficiente, pues invaden la razón y la nublan, que las decisiones hay que tomarlas con la cabeza, no con el corazón, y, en definitiva, que el éxito se presenta normalmente a las personas más inteligentes.

Haciendo caso de estas ideas hemos fomentado en nuestros hijos la inteligencia, dejando casi completamente a un lado su educación emocional. Al creer que serán los niños más inteligentes, con mejores notas, quienes finalmente triunfen en la vida, las emociones y su manejo se han considerado elementos secundarios que no han tenido demasiada cabida en el colegio. La revolución que ha traído consigo el concepto de inteligencia emocional es precisamente habernos alertado sobre lo erróneas que eran estas creencias.

La investigación que se ha llevado a cabo dentro de este campo en las últimas décadas ha revelado un resultado espectacular y sorprendente: es la inteligencia emocional y no la inteligencia entendida de forma tradicional la que mejor predice el éxito futuro de una persona, y no solo eso, sino que también predice su felicidad: las personas con alta inteligencia emocional alcanzan mayor éxito en la vida y se perciben a sí mismas como más felices que las personas con baja inteligencia emocional. Lo que hoy sabemos es que el éxito profesional de las personas no depende exclusivamente de su inteligencia; son las variables emocionales y sociales las que realmente marcan la diferencia. Los adultos que obtienen éxito profesional y personal en sus vidas no fueron aquellos niños con niveles de inteligencia más elevados, o aquellos que mejores notas sacaban en el colegio, sino aquellos que mejor supieron entender a los demás, que se interesaron por las personas más que por las cosas y que construyeron redes sociales más sólidas. Y no solo el éxito profesional viene determinado por las habilidades emocionales, también la satisfacción con la vida guarda relación con ellas y no tanto con las habilidades intelectuales.

La mejor etapa para entrenar la inteligencia emocional es la infancia, y el mejor entorno, la escuela. A pesar de esta certeza, las emociones y su manejo se han considerado como elementos secundarios y no han tenido demasiada cabida en la enseñanza. Hoy sabemos que es fundamental la educación explícita de las emociones, y que ésta debe basarse más en la práctica diaria que en la teoría. Uno de los retos de la educación del futuro es, por tanto, incluir la educación emocional en sus temarios.

Desarrolla tu inteligencia emocional...

Todas las personas poseemos inteligencia emocional en mayor o menor medida, y todos tenemos la capacidad de desarrollarla y mejorarla con el entrenamiento adecuado. Nunca es tarde para aprender a desarrollarla. Por eso, a continuación, te proponemos un plan de entrenamiento basado en el programa que han elaborado Pablo Fernández Berrocal y Natalia Ramos Díaz, desde la Universidad de Málaga (que puedes encontrar completo en su libro *Desarrolla tu inteligencia emocional*, editorial Kairós).

La primera parte del entrenamiento va dirigida a que aprendas a reconocer y a regular tus emociones. Los seis ejercicios que te proponemos seguidamente te van a ayudar a desarrollar una conciencia más profunda de tu vida emocional.

1. **Percibir nuestras emociones.** Antes de acostarte, concentra tu atención en todo lo que has sentido durante los últimos días. Empieza en el día de ayer e intenta remontarte hacia atrás todo lo que puedas. Anota estos sentimientos en un diario. Con la práctica, irá aumentando tu capacidad para recordar más días hacia atrás y cada día te será más sencillo hacerlo. Resulta interesante comprobar que los hombres suelen recordar un número menor de días que las mujeres, lo que puede explicarse porque ellos prestan menos atención que ellas a su mundo emocional. Esto no significa que hombres y mujeres sientan las emociones de diferente forma, sino que han sido educados de manera distinta.

2. **Conocer nuestras emociones.** Llegamos a un nivel

más complejo que va más allá de percibir nuestras emociones. Ahora debes aprender a interpretar su significado y a vincularlas al contexto o a la situación que las ha generado. Escoge un poema y léelo con tranquilidad y detenimiento. A continuación, analiza las emociones que te suscita. Expresa lo que sientes con tus propias palabras, no lo que crees que pretendía expresar el poeta o lo que otras personas creerán que significa, sino simplemente lo que para ti representa y los sentimientos que te despierta.

3. **Regular nuestras emociones.** En este tercer nivel vas a aprender a entender cómo reaccionas ante cada una de tus emociones. En los ejercicios anteriores, has aprendido a sentirlas y a reconocerlas, ahora es el momento de aprender a cambiarlas en la dirección que desees. Recuerda tres situaciones en las que alguien te haya dicho algo agradable. Rememora con detalle cómo te sentiste en ese momento, y disfruta reviviendo esas emociones. Cuando recuerdas una situación agradable que te ocurrió en el pasado, generas automáticamente un estado emocional positivo en el presente. Cada vez que te sientas triste, abatido o deprimido, pon en marcha este ejercicio: sentirás que tus emociones negativas se disipan y que tienes en tus manos el poder de controlar tus sentimientos.

Una vez que seas capaz de reconocer tus emociones, estarás preparado para emprender un nuevo paso, más complejo aún, que es el de reconocer y regular las emociones de quienes te rodean.

4. **Percibir las emociones de los demás.** Atender a las expresiones faciales de otras personas nos ayuda a identificar sus estados emocionales, y gracias a ello mejoramos

la comunicación y las relaciones sociales. Elige varias fotografías, por ejemplo, de tu álbum familiar o incluso de cualquier revista que tengas en casa, y obsérvalas atentamente tratando de identificar las emociones que en ellas se expresan: si son positivas, negativas o neutras, si incitan a la aproximación o son evitadoras... Ve analizando uno por uno los gestos de la cara, la expresión de los ojos, la tensión de los labios y las comisuras...

5. **Comprender las emociones de los demás.** Ser capaz de comprender las emociones que experimentan quienes nos rodean y ponerse en su lugar se conoce como *empatía*. Para empatizar con alguien debemos prestar atención no solo a su lenguaje verbal, sino también a su comunicación no verbal, que a menudo proporciona información más real. Vas a necesitar un compañero para realizar este ejercicio, que te va a enseñar a analizar la concordancia entre lo que se dice y cómo se dice. Uno de vosotros va a contar un suceso triste pero con una expresión divertida. El otro, por el contrario, debe contar algo alegre pero con expresión triste. Ahora volved a contar la experiencia, pero esta vez mostrando la concordancia entre lo dicho, la expresión facial y la forma de narrarlo. ¿En qué caso escuchasteis con más atención?, ¿en cuál comprendisteis mejor lo que la otra persona os decía? La comprensión de los demás no depende exclusivamente de lo que dicen sus palabras, sino también de su mirada, su tono de voz, sus gestos... Cuando te comuniques con otras personas, ten en cuenta que la concordancia facilita la interacción; la otra persona te entenderá mucho mejor y podrá responderte en consecuencia.

6. **Regular las emociones de los demás.** Contamos con dos destrezas básicas e indispensables que nos ayudan

a regular las emociones de los demás: la escucha activa y la comunicación emocional. Para realizar este ejercicio, necesitas un compañero que debe tratar de convertirse en tu espejo: cuéntale algún aspecto de tu vida que sea especialmente importante para ti y pídele que trate de imitarte usando el mismo tono de voz, las pausas, así como la comunicación no verbal, procurando ser lo más fiel posible. Gracias a esta sencilla acción, serás consciente de cómo te perciben los demás cuando te comunicas y podrás cambiar aquellas cosas que no te gusten o que creas que pueden mejorarse. A continuación, podéis cambiar los papeles.

J

JUICIO

Pablo tiene mañana a primera hora una reunión importantísima, debe mostrar a un cliente su mejor cara y causar una magnífica impresión. Pero esta noche ha quedado con unos amigos para ver el fútbol. La celebración se alarga y se queda en el bar hasta las tantas. Cuando se levanta por la mañana va tan apurado de tiempo que ni siquiera puede pegarse una ducha. Llega a su reunión hecho unos zorros, cansadísimo y con unas enormes ojeras. De la manera más absurda, Pablo ha estropeado una grandísima oportunidad de negocio. Ante una situación como ésta, seguro que la primera frase que te ha venido a la cabeza es: «¡Pero qué poco sentido común!». Eso que llamamos sentido común no es otra cosa que la capacidad de juzgar lo que está bien y lo que está mal, lo que es justo y lo que es injusto, lo que es correcto y lo que es incorrecto. Tener capacidad de juicio es tomar decisiones de forma sensata, analizar las situaciones que vivimos de manera lógica, solucionar problemas eficazmente, y, en último término, comportarnos con coherencia y corrección.

Aplicar correctamente lo que sabemos y lo que vamos aprendiendo a lo largo de nuestra existencia, y ponerlo en marcha en situaciones de la vida diaria, es imprescindible para funcionar con éxito. Si uno tiene una reunión importante por la mañana, lo más sensato y coherente es acostarse pronto en la vigilia para afrontar el día despejado y con energía. Pasar una noche de juerga con los amigos demuestra que alguien no ha sido capaz de utilizar el sentido común para afrontar una situación. La capacidad de juicio es vital para desenvolverse en la vida diaria, pues situaciones como la vivida por Pablo pueden evitarse si se ponen en marcha los resortes del razonamiento y el sentido común. El sentido común es algo práctico, que accionamos constantemente en nuestra vida cotidiana y que implica manifestar un criterio coherente, acertado y lógico en determinadas situaciones.

Se dice de alguien que carece de sentido común cuando toma decisiones a la ligera, sin reflexionar antes sobre los aspectos positivos y negativos a los que tendrá que enfrentarse como consecuencia de una decisión. Las personas que tienen poco juicio no se paran a analizar las situaciones, se quedan en la superficie y muchas veces esto les lleva a manejarse de forma errónea en aspectos y situaciones que al resto de las personas les parecen muy claros. Trata de recordar cuántas veces le has dicho a alguien: «Mira que te lo dije». Seguramente un buen montón de ellas, y en la mayoría de los casos ocurrió porque la persona actuó sin guiarse por el sentido común. Si hubieras sido la mujer de Pablo y te hubiera llamado por teléfono para decirte que se quedaba en el bar con sus amigos, tú, sabiendo lo importante que era su reunión del día siguiente le habrías advertido: «Sé sensato, usa tu sentido común». Pero no te habría hecho caso y, en el momento de llegar a casa por la tarde cabizbajo y cabreado consigo mismo por el batacazo en la reunión, le habrías dicho: «Mira que te lo dije».

La capacidad de juicio implica, por un lado, sopesar las situaciones, analizar los problemas desde todos los puntos de vista, pero también incluye algo que tiene que ver con la intuición, con ese sentido común que nos permite saber lo que es correcto o incorrecto sin apenas esfuerzo.

Las reglas del sentido común

Aunque pueda parecer lo contrario, el sentido común no es el más común de los sentidos. A veces nos falla la percepción de la realidad y este radar que nos orienta no funciona correctamente. A continuación, te presentamos cinco reglas básicas del sentido común que no debes perder de vista:

1. **La realidad cambia constantemente**, por lo que tus respuestas deben modificarse en función de esos cambios y adaptarse a la nueva realidad. Que una solución funcione para resolver un problema determinado en una situación concreta no implica que vuelva a funcionar en el futuro, incluso en las mismas circunstancias.

2. **Nunca te precipites al tomar una decisión.** Reflexiona, reposa y madura tu respuesta antes de pasar a la acción.

3. **Antes de opinar o decidir preocúpate por conocer todos los elementos y factores** que están influyendo en una situación o problema. Si lanzas opiniones a la ligera o actúas sin pensar, aumentarán tus probabilidades de equivocarte.

4. **No te aferres a la primera interpretación de una situación** que se te ocurra. Cuando llegamos a conclusiones de forma precipitada, corremos el riesgo de equivocarnos.

5. **Discute tu problema con otras personas.** Pregun-

ta, pide consejo y ayuda a quienes te rodean. Verás la realidad desde otro punto de vista y, seguramente, captarás aspectos del problema que tú habrás pasado por alto al principio, pero que resultan obvios para otras personas.

· JUSTICIA

Vamos a participar en un juego: imagina que te damos 15 euros y te pedimos que los dividas en dos partes, no necesariamente iguales, entre tú y un compañero de juego al que nunca llegarás a conocer siquiera. Puedes quedarte con lo que se te antoje, eres libre de dar a la otra persona la cantidad que quieras y guardar el resto para ti. Ahora bien, cuando reciba la cantidad, tu compañero tiene dos opciones: quedarse con la parte que has dejado para él o decidir que ninguno de los dos se queda con nada. Los dos conocéis las reglas antes de empezar, así como la cantidad exacta de dinero por repartir, el juego es solamente a una mano y no podréis comunicaros en ningún momento ni negociar la oferta. ¿Cómo decidirías repartir el dinero? Quizá hayas pensado que lo repartirías al 50 % por ser la opción más justa, o puede que prefirieras quedarte con un porcentaje mayor, ya que al fin y al cabo eres tú quien reparte y como bien dice el refrán «quien parte y reparte se queda con la mejor parte...», aunque no debes olvidar que, si a tu compañero no le parece un reparto justo, siempre podrá decidir que ninguno de los dos os llevéis nada... Ponte ahora en la situación contraria: ¿qué cantidad de dinero estarías tú dispuesto a aceptar si fueras ese segundo jugador?, ¿cuál sería la mínima cantidad que aceptarías?

Éste es un juego muy famoso en el mundo de la economía que se conoce como *Ultimátum*. Podríamos pensar que lo lógico es que el segundo jugador, haciendo honor al conocido dicho popular «menos da una piedra...», acepte cualquier oferta que le haga el primero, pues el dinero que gane, sea la cantidad que sea, será siempre gratis y mejor que nada. Sin embargo, cuando este juego se lleva a cabo en la vida real, los resultados están lejos de las apariencias y lo que ocurre es que, cuando el segundo jugador considera que el primero le ha dejado una cantidad de dinero demasiado pequeña, decide rechazar la oferta y que ninguno de los dos se lleve nada. Es decir, las personas prefieren perder el dinero a aceptar lo que les parece una cantidad injusta. El sentimiento de injusticia resulta ser más poderoso que el deseo de obtener una ganancia. El rechazo de la oferta que hace el segundo jugador tiene como fin castigar al primer jugador por haber actuado de forma egoísta e injusta. El segundo jugador está dispuesto a ir en contra de su propio interés si eso implica responder a una injusticia, porque, en el fondo, el cuerpo le pide castigar a alguien tan egoísta, aunque al hacerlo pierda él también. El sentido de la justicia prevalece por encima del interés individual, y esta circunstancia, que queda demostrada en un juego sin más implicaciones, se vuelve de suma importancia cuando sucede en otras situaciones de la vida diaria en las que nos vemos enfrentados a dilemas entre el interés personal y la justicia.

Resulta curioso comprobar que la pauta de comportamiento que se manifiesta en el juego del Ultimátum es muy estable y generalizada, es decir, que no varía en función de factores como el género, la edad, la inteligencia, la formación... ni siquiera las diferencias en la cantidad por repartir influyen apenas en los resultados. Como norma general, el segundo jugador acepta cantidades en torno al 40 %, mientras que por debajo suele rechazarlas. Sí que se han encontrado, en cambio, diferencias entre culturas. Por ejemplo, los miembros de una tribu indígena de Nueva Guinea no aceptaban cantidades inferiores al 60 % (pues, en su cultura, el acto de regalar es de suma importancia), mientras que los campesinos de una población sudamericana aceptaban prácticamente cualquier cantidad, por baja que ésta fuera. Sea como fuere, la implicación general de los resultados de todos estos estudios es determinante: las personas damos mucha importancia a la justicia.

Podríamos pensar que el sentido de la justicia es exclusivamente humano; sin embargo, estudios recientes están enseñándonos que otros animales comparten con nosotros esta cualidad. Los monos capuchinos, por ejemplo, también son sensibles a la injusticia. Los investigadores entrenaron a estos monos para realizar diferentes tareas sencillas a cambio de una recompensa de comida. Fueron separados en parejas y a cada miembro se lo premiaba de diferente manera por la misma tarea. Descubrieron que los monos capuchinos se ofendían mucho cuando veían que su compañero recibía un premio mejor que ellos. Su indignación era tal que algunos no querían aceptar la recompensa o la aceptaban para tirarla inmediatamente con gesto airado delante del entrenador y, por supuesto, se negaban a volver a realizar la tarea. Estos sorprendentes resultados demuestran que el sentido de la justicia es una capacidad que no depende de la cultura o la educación, sino que es innata y ha evolucionado desde nuestros antepasados los monos. En la actualidad, se está repitiendo el experimento con otros primates, pues se sospecha que mostrarán la misma actitud. Estos estudios son muy importantes para comprender en profundidad el desarrollo evolutivo del sentido de justicia y para ayudarnos a entender cómo y por qué los seres humanos reaccionamos ante lo que consideramos injusto.

El sentido de la justicia es un importantísimo lazo de unión entre todas las personas que forman una sociedad y sin su existencia resultaría muy difícil convivir como grupo humano. Las personas que poseen un sentido de la justicia muy desarrollado tienen más comportamientos altruistas, son más honestas y honradas, y, en general, tienen relaciones personales mucho más sanas y estrechas con sus semejantes. El sentido de la justicia se relaciona con otros sentimientos, como la equidad y la igualdad, con no aprovecharse de los demás y entender que, a pesar de las diferencias, todos tenemos los mismos derechos y merecemos las mismas oportunidades.

JUVENTUD

Si tuvieras que elegir una etapa de tu vida a la que regresar, ¿cuál sería? Probablemente no la adolescencia. Aunque hay una tradición muy extendida en nuestra cultura de considerar la juventud como la etapa más feliz y bonita de la vida, lo cierto es que, cuando se trata de elegir, muy pocas personas retornarían a este periodo caracterizado, sí, por grandes alegrías, pero también por grandes sufrimientos. Y es que la adolescencia es una etapa en la que todo se vive con mucha intensidad, las emociones positivas son muy fuertes, pero también lo son las negativas.

Cuando se pregunta a la gente cuál es, en general, la edad más feliz de la vida, la mayoría asegura que la juventud. Sin embargo, cuando a esta misma gente se le pregunta cuál ha sido «su» edad más feliz, muy pocos escogen la juventud, sino que suelen decantarse por etapas posteriores de la vida. La explicación es sencilla: existe una creencia generalizada a considerar la juventud como un «divino tesoro» que no puede compararse con ninguna otra etapa de la vida; sin embargo, la realidad se encarga de demostrarnos que es una creencia equivocada.

Y si la juventud es la etapa mejor valorada, la vejez, en contraposición, se lleva sin duda la peor parte. Las personas poseen fuertes estereotipos negativos respecto de la vejez, que suelen contraponer a la felicidad, asumiendo que es una etapa de la vida marcada por la decadencia, el deterioro y la depresión. Resulta curioso, sin embargo, que los estudios realizados con personas ancianas no corroboren estos prejuicios. Heather Lacey, de la Universidad de Michigan, entrevistó a dos grupos de personas: uno compuesto por 273 adultos con edades comprendidas entre los 21 y los 40 años, y otro de 269, mayores de 70 años. A unos y otros los interrogó acerca de su presente, su pasado y sus futuras expectativas de felicidad. Los jóvenes estimaron que serían menos felices a medida que envejecieran y los mayores recordaron su juventud como su época más feliz; no obstante, cuando Lacey midió sus niveles de felicidad actuales, las personas mayores mostraron sentirse más felices que los jóvenes. La puntuación fue de 6,65 para los jóvenes frente a 7,32 de los mayores, en una escala de 1 a 10. Curioso, ¿verdad? Lo que nos revela el resultado de este estudio es que, tanto los jóvenes como los mayores, habían sobreestimado la relación entre felicidad y juventud.

Y es que, ciertamente, la juventud no es ningún camino de rosas; muy al contrario, es un momento crítico de ruptura y desorientación. Cuando entramos en la adolescencia, dejamos atrás el mundo seguro y cómodo de la infancia para adentramos en un terreno desconocido y sinuoso que genera numerosos interrogantes, miedos e inseguridades. Es en esta etapa, por ejemplo, cuando se inician la gran mayoría de los trastornos mentales y los problemas de adicción. La adolescencia es, en muchos aspectos, la edad más crítica de la vida, en la que se producen más cambios y aún no se cuenta con las herramientas apropiadas para afrontarlos. El adolescente tiene que encontrarse a sí mismo y esta búsqueda no es nada fácil.

Lo que sí es cierto es que, en la adolescencia, todo se vive con mucha intensidad; enamorarse a los 15 años es una de las vivencias más especiales y bonitas de la vida y pocas veces volvemos a revivir el amor juvenil, porque los sentimientos se van amortiguando con la edad; pero, de igual modo, las peleas, los desencantos, los miedos, las frustraciones... también van suavizándose, y el dolor que deja una ruptura sentimental a los 15 años tampoco suele volver a revivirse.

Todas las etapas de la vida tienen sus ventajas e inconvenientes, y lo que nos demuestran los estudios es que la felicidad de las personas permanece bastante estable a lo largo de su ciclo vital. Es hora de abandonar el mito de que la felicidad está asociada a la juventud y aprender a disfrutar de la vida, sea cual fuere nuestra edad.

L

LEALTAD

Todas las mañanas, el cariñoso perrito Hachiko acompaña a su dueño, Parker Wilson, a la estación de tren que le lleva a su trabajo de profesor universitario, y vuelve tranquilamente a casa, donde le espera a su vuelta. Pero un desgraciado día, Parker sufre un infarto fulminante en la universidad y Hachiko, incapaz de comprender por qué su dueño no aparece, regresa a la estación ansioso por reconocerlo entre la multitud. Van pasando los días y Hachicko no se mueve de allí, esperando a su dueño. Así transcurren nada menos que diez años, en los que Hachicko espera y espera sin suerte. Es probable que hayas reconocido esta historia, pues es el argumento de la película *Siempre a tu lado*, que protagonizó el conocido actor Richard Gere en el año 2009 y que está basada en una historia real que sucedió en la ciudad de Tokio en 1924. Los perros son los animales más leales al hombre; su lealtad no conoce límites y son capaces de hacer cualquier cosa por su dueño. Las personas también tenemos la capacidad de ser leales, aunque por desgracia no siempre la ponemos en marcha y traicionamos a personas a las que amamos.

Pocas cosas nos hacen más daño que la deslealtad y la traición, sobre todo cuando vienen de alguien a quien queremos. Cuando alguien en quien confiamos nos engaña o se aprovecha de nosotros, sentimos que nos traiciona, y la rabia, el enfado y la tristeza se apoderan de nosotros sin que podamos controlarlo. Así como la lealtad es una de las virtudes más admirables del ser humano, la deslealtad es una de las vilezas humanas más perniciosas. Confiar en alguien y que nos falle genera un sentimiento enormemente frustrante y desolador. Las personas esperamos lealtad de aquellos con quienes compartimos nuestra vida; no solo de familiares y amigos, sino también, por ejemplo, de la empresa en la que trabajamos. Óscar lleva veinte años en la misma empresa, y va a trabajar todas las mañanas. Hoy le han llamado al despacho del director y le han comunicado que ha sido despedido. Óscar ha salido de allí mareado y con la vista nublada, era algo que no se esperaba y miles de sensaciones se agolpan en su cabeza. Acaba de quedarse sin trabajo, a una edad en la que sabe que es muy complicado que a uno lo contraten. A lo largo del día, va tomando conciencia de todos los problemas que se le vienen encima; ahora tendrá que decírselo a su mujer y a sus hijos, y será un mal trago. Empieza a nacer en él una sensación muy desagradable, se enciende su ira, la rabia y la frustración lo sobrepasan. Óscar ha dado todo por esa empresa, los mejores años de su vida los ha pasado trabajando en ella y ahora ha sido traicionado. La lealtad que él esperaba no se ha mantenido y eso es lo que más le duele.

Ser leal implica cumplir las promesas y mantener los compromisos sean cuales fueren las circunstancias. Cuando una persona actúa de forma leal hacia otra, está cumpliendo una obligación que ha asumido libremente, que no le viene impuesta desde fuera, sino que nace en lo más hondo de su conciencia. La lealtad es un compromiso profundo con las personas, con la sociedad y con la vida, es el compromiso de defender aquello en lo que creemos y a aquellos en quienes creemos: nuestra familia, nuestros amigos, nuestro trabajo e, incluso, nuestro país. La persona que es leal se aferra a sus promesas no porque sea cabezota o terca, sino porque éstas tienen para él un inmenso valor. Del mismo modo, las personas leales no son débiles de carácter ni se dejan dominar o vapulear por los demás, simplemente respetan sus compromisos. Así como el perrito Hachiko no se movió de la estación durante diez años esperando a su dueño, cuando una persona verdaderamente leal da su palabra, llevará esta promesa hasta sus últimas consecuencias.

La lealtad es un valor que no es fácil de encontrar en la vida, pues muchas veces exige esfuerzo y sacrificio, algo que por desgracia no siempre estamos dispuestos a asumir. Muchas veces el camino fácil es aquel que implica traicionar a alguien o romper nuestras promesas y compromisos. Quien tiene la fortaleza de permanecer leal a los suyos encuentra una de las claves que hacen que la vida valga la pena. Y es que la lealtad nos permite vivir la vida y las relaciones con mayor intensidad. La persona leal se entrega por completo, mientras que quienes no se comprometen y basan su vida en relaciones superficiales nunca llegan a sentir todo el poder de la existencia. La lealtad genera confianza y seguridad, estrecha los lazos con quienes nos rodean y propicia ese clima cálido, íntimo y cordial que está en la base de las relaciones que nos acompañan durante toda la vida. Por eso es una cualidad esencial en la amistad. Es la lealtad mutua y correspondida la que nos permite hacer de una persona conocida nuestra verdadera amiga. Cuando somos leales, logramos llevar la amistad y cualquier otra relación a su etapa más profunda.

Las muestras de lealtad suelen provocar sentimientos muy

profundos. ¿Quién no se ha emocionado, mientras veía la película *Gladiator*, al comprobar la profunda e inquebrantable lealtad que profesa su protagonista, Máximo Décimo Meridio, un soldado que encarna en su máxima expresión las virtudes de valor, honor, fuerza y lealtad, y que sacrifica su propia vida al servicio de Roma? Las grandes muestra de lealtad de unas personas hacia otras nos recuerdan que los seres humanos poseemos dones excepcionales. Pero no olvides que la lealtad no está reservada a los momentos grandiosos, sino que debe estar presente en los pequeños detalles de la vida cotidiana, ya que quien es leal en las pequeñas cosas también lo será en las grandes, así como quien es incapaz de mantener sus pequeñas promesas y compromisos difícilmente demostrará lealtad en los momentos importantes. Vive la vida de forma que, cuando hagas una promesa o asumas un compromiso, los cumplas; así tu palabra adquirirá un valor incuestionable y despertarás la confianza, la admiración y el respeto de quienes te rodean.

LIDERAZGO

«Yo tengo un sueño: que un día, sobre las colinas rojas de Georgia, los hijos de quienes fueron esclavos y los hijos de quienes fueron propietarios de esclavos sean capaces de sentarse juntos en la mesa de la fraternidad.» Esta apasionada sentencia forma parte del discurso «*I have a dream*» («Yo tengo un sueño») que Martin Luther King (1929-1968) pronunció ante el monumento Lincoln al final de la Marcha sobre Washington por el Trabajo y la Libertad en agosto del año 1963. Su discurso, hoy convertido en un clásico, dejó patente su increíble capacidad oratoria y su grandísima habilidad para mover a las masas. En 1964, Luther King fue galardonado con el premio Nobel de la Paz por su importante labor como activista en la lucha por los derechos de los afroamericanos en Estados Unidos. Apenas cuatro años después fue asesinado por un segregacionista blanco en Memphis, lugar al que se había desplazado para apoyar una huelga pacífica. Durante toda su vida, Luther King lideró numerosas actividades pacíficas demandando la no discriminación, el derecho a voto y otros derechos básicos para las personas de raza negra, además de participar en diversas protestas contra la pobreza y la Guerra del Vietnam. Desde su asesinato y hasta nuestros días, es recordado como uno de los más grandes e influyentes líderes de la historia, no solo de Estados Unidos, sino del mundo.

Siempre que se forma un grupo de personas, sobresale entre ellas una que toma el mando: una banda de música, un equipo de fútbol, una pandilla de amigos, una reunión de empresa... sea cual fuere el motivo o circunstancia en que varias personas se unen, la presencia de un líder es sistemática. Es cierto que no hay dos líderes iguales; cada uno dirige y conduce a su grupo de formas diferentes, en función de múltiples factores que van desde su propia personalidad hasta las circunstancias que lo rodean, pero todos ellos comparten algunas cosas en común. Piensa en Alejandro Magno, en Julio César, en Juana de Arco, en Napoleón, en Gandhi o en Nelson Mandela. Aquello que estas personas comparten, a pesar de haber vivido en épocas, culturas y sociedades muy diferentes unas de otras, es precisamente lo que los convierte en líderes históricos.

El liderazgo es la capacidad de una persona para influir en los demás como colectivo. Un buen líder es capaz de insuflar entusiasmo, generar lealtad, promover la iniciativa y animar a sus seguidores a trabajar unidos por unos objetivos comunes. El líder motiva y estimula a sus seguidores; los organiza, dirige y cohesiona; se responsabiliza del buen funcionamiento del grupo, solucionando los conflictos internos; establece metas y persuade a sus seguidores para alcanzarlas. Una de las cualidades más importantes de un líder es su capacidad para extraer lo mejor de cada persona y lograr que dé todo de sí misma en beneficio del grupo.

Cuando pensamos en un líder, normalmente le asociamos características positivas. Sin embargo, no todos los líderes ejercen su poder sobre los demás de forma equilibrada y beneficiosa. Piensa, por ejemplo, en Adolf Hitler (1889-1945) o en Josef Stalin (1878-1953), importantes líderes de la historia de la humanidad que han sido también grandes destructores. La figura del líder dictador se caracteriza por imponer sus ideas al grupo sin permitir ningún tipo de opinión discordante y eliminando cualquier forma de independencia, libertad o individualidad. El líder dictador es inflexible, autoritario y guía a su grupo basándose en el dominio absoluto sobre los demás.

Seguro que has oído hablar alguna vez de Al Capone (1899-1947), famoso gánster de Chicago y líder de la mafia norteamericana, sin duda, uno de los hombres más poderosos e influyentes de su época. Al Capone es el prototipo del líder autocrático. Este tipo de líder asume en exclusiva la toma de las decisiones en el grupo, sin tener que justificarlas en ningún momento. Su forma de comunicarse es unidireccional: dice a sus seguidores lo que quiere que hagan y espera que sus órdenes se cumplan. Un líder autocrático asume una sólida posición de dominio dentro del grupo; dirige, motiva y controla a sus seguidores, pues considera que solamente él tiene la capacidad de tomar las decisiones importantes. Pide a sus seguidores obediencia y adhesión incondicional.

¿Qué estabas haciendo el día que asesinaron a Kennedy? Esta pregunta forma ya parte de la cultura norteamericana. La figura del presidente John F. Kennedy (1917-1963), tan querida y recordada por el pueblo estadounidense, representa a la perfección el prototipo de líder democrático, aquel que estimula la discusión del grupo y escucha la opiniones de sus seguidores antes de tomar decisiones. Su liderazgo se basa en el diálogo, la tolerancia y el respeto. El líder democrático prioriza la participación de la comunidad y, aunque deja claro al grupo que él posee la responsabilidad final de tomar cualquier decisión, también reconoce que el grupo puede ayudarlo aportando sus ideas y expresando libremente lo que piensa.

Juan Pablo II (1920-2005), uno de los papas mejor valorados de la historia del cristianismo, bien puede representar la figura del líder paternalista, un tipo de líder que actúa de forma similar a un padre, combinando a la perfección su lado despótico con su lado benefactor e inspirando respeto, confianza y temor a partes iguales. El líder paternalista se muestra ante sus seguidores como alguien generoso, protector y comprensivo, pero también exigente, amenazante y autoritario. La combinación de amor y autoridad hace de este tipo de liderazgo uno de los más poderosos.

Y llegamos así a Barack Obama (1961), actual presidente de Estados Unidos y prototipo de líder carismático. Cuando hace casi cincuenta años Martin Luther King dedicaba su vida a luchar por los derechos de las personas de raza negra, hubiera resultado impensable que alguien como Obama pudiera ser presidente del país. Este desconocido senador de Illinois, que logró un ascenso vertiginoso en su carrera política en apenas cuatro años, se ha convertido en uno de los más poderosos y respetados líderes de la época en la que vivimos y en un prototipo de líder carismático. Entre sus cualidades destaca, sin lugar a dudas, su sorprendente capacidad para atraer y fascinar a las personas, eso que conocemos como *carisma*. El carisma es el magnetismo personal, el poder de atracción, la facilidad innata de hacerse querer que poseen algunas personas. Por supuesto, tener carisma facilita la labor de liderazgo, pero no es indispensable: es posible ser un gran líder sin tener carisma y también tener mucho carisma y no ser un líder. El líder carismático suele tener, además, grandes dotes de comunicación, maneja a la perfección las técnicas de la oratoria y posee una poderosa capacidad de persuasión.

Recuerda tu infancia y, en concreto, tus años de escuela. Seguro que, en tu clase, había uno o varios compañeros que siempre llevaban la voz cantante. Ya desde muy niñas, las personas demuestran su capacidad de liderazgo. Esto nos lleva a pensar que el liderazgo es algo con lo que se nace, una predisposición de algunas personas para ejercer influencia sobre su entorno. A estos líderes naturales podemos reconocerlos sin problemas, tanto en el patio de un colegio como en las oficinas de una empresa. Pero el hecho de que el liderazgo sea una cualidad innata no impide que sea también una capacidad que se pueda aprender y desarrollar: un buen líder nace y se hace.

Desarrolla tu capacidad de liderazgo...

La capacidad de liderazgo puede desarrollarse y potenciarse. Y, por supuesto, no es necesario ser Barack Obama o Martin Luther King para convertirse en un buen líder. Una buena capacidad de liderazgo es importante para afrontar muchos de los retos de la vida diaria, no solo a nivel laboral, sino dentro de nuestra familia y de nuestro círculo de amigos. A continuación te presentamos diez pautas sencillas para desarrollar tu capacidad de liderazgo de forma eficaz:

1. **Aprende a comunicar.** Los líderes son buenos comunicadores y son capaces de atraer la atención del grupo con sus palabras. Comunicarse bien es expresarse con claridad y corrección, transmitir autoridad y seguridad, pero también confianza y serenidad. Un buen orador es persuasivo y convincente en sus argumentos.

2. **Aprende a escuchar.** Pero además de hablar, un buen líder debe saber escuchar a su grupo y transmitir que es capaz de tener en cuenta las opiniones de los demás. Hay que aplicar lo que se conoce como *escucha activa*, haciendo saber a nuestro interlocutor que realmente se le está prestando atención y se le está entendiendo, evitando juzgarle o interrumpirle.

3. **Acepta las críticas.** Evita ponerte una coraza que te distancie demasiado de tu grupo. Es importante que animes a las personas que te siguen a dar su opinión y a aportar nuevas ideas o puntos de vista. Acepta las críticas y los comentarios negativos, y exime lo positivo que de ellos se derivan. Aprende de tus errores y rectifica si es

preciso. En toda crítica hay siempre un aspecto constructivo y útil, aprende a encontrarlo.

4. Demuestra empatía. Conecta emocionalmente con las personas. Una gran parte de la influencia que un líder ejerce sobre un grupo está basada en su aproximación afectiva, en los lazos sentimentales y emocionales que crea con ellos. Saber ponerse en el lugar del otro y, sobre todo, saber demostrárselo es la clave de la conexión emocional, tan necesaria para ejercer un buen liderazgo.

5. Motiva y anima. Una de las principales tareas de un líder es fijar los objetivos que el grupo debe alcanzar y llevar a cabo las acciones necesarias para lograrlos. Si no consigues mantener el ánimo y la motivación entre las personas de tu grupo, difícilmente alcanzarán sus metas. Un buen líder es aquel que estimula constantemente a su grupo, le insufla la fuerza y la energía necesarias para luchar por sus sueños, y que, en última instancia, logra sacar lo mejor de cada una de las personas que lo componen.

6. Cultiva tu optimismo. Un líder debe ser realista, nunca fatalista. Cuando un líder se muestra negativo y pesimista, sus seguidores no tardan en perder la confianza, primero en él, y acto seguido, en ellos mismos. Encuentra siempre el lado positivo de las situaciones, incluso de las más complicadas. Deja a un lado tus emociones negativas y desarrolla tus emociones positivas. Aprende a enfrentarte al mundo con optimismo y transmite toda esa positividad a las personas que te siguen.

7. Genera confianza. Un líder no debe perder la calma en las situaciones difíciles y debe ser capaz de transmitir a su grupo total confianza. Cuando las personas sienten que pueden confiar en su líder, aumenta su motivación y su eficacia en el trabajo por alcanzar metas comunes.

8. Demuestra tu honestidad. Una de las cualidades que más se valoran en un líder es su integridad, su honestidad. Incluso en los pequeños detalles, mostrarse transparente, no aceptar injusticias y apostar siempre por la verdad son factores decisivos que llevarán al grupo a confiar plenamente en ti.

9. Toma decisiones. El grupo espera que su líder tome decisiones. Mostrarse demasiado indeciso o dubitativo genera mucha inseguridad y recelo entre las personas que forman un grupo. Especialmente en aquellos momentos en los que las cosas no marchen tan bien como se espera, es fundamental que mantengas a pleno rendimiento tu capacidad de decisión.

10. Adáptate a los cambios. Una de las mejores cartas de un buen líder es ser camaleónico, saber adaptarse a las diferentes circunstancias y asimilar los cambios que se produzcan. Vivimos en una época en la que los cambios se suceden a ritmo vertiginoso y, para poder liderar a un grupo de personas de forma eficiente, es indispensable tener la capacidad de responder a esos cambios con entereza y aplomo.

LOTERÍA

¿Cuántas veces has fantaseado con que te toque una gran suma de dinero en la lotería? Seguro que en muchas ocasiones. Ganar la lotería es, con toda probabilidad, uno de los sueños más anhelados por casi todas las personas. Cuando nos sumergimos en las aguas de la fantasía, podemos pasar horas navegando por un mar en el que el dinero se va transformando en una casa más grande, un coche mejor, un viaje alrededor del mundo, una renovación completa de armario en las tiendas más caras... Puede que aceptemos que el dinero no da la felicidad, pero estamos convencidos de que, si nos tocara la lotería, seríamos inmensamente dichosos. Se acabaron los problemas financieros, se terminó apretarse el bolsillo a fin de mes...; un billete de lotería es nuestro pasaje al mundo de los sueños, el derroche, la diversión y el *glamour*.

Y es que, si hay una situación que todos tendemos a asociar con la felicidad extrema, es ser el portador de un boleto ganador. Cada 22 de diciembre, muchos españoles se sientan delante de la pantalla del televisor cruzando los dedos para que alguno de sus décimos resulte premiado en la lotería de Navidad. A lo largo de todo el día, asistimos a las conexiones en directo con los afortunados ganadores en distintos puntos del país y no podemos más que envidiarlos mientras los vemos celebrar, reír, cantar y llorar de emoción. Estas personas se convierten en la expresión de la felicidad por excelencia; si algo es ser feliz, es eso. Las navidades siguientes nuevos afortunados felices ocuparán su lugar, pues, en realidad, a los medios de comunicación solo les interesa el primer momento de euforia. Pero ¿qué ocurre después?, ¿seguirán celebrando estas personas su premio?, ¿hasta cuándo? A finales de los años setenta, un grupo de investigadores en Estados Unidos decidió comprobarlo. Siguieron a un grupo de 22 personas que, en el último año, había ganado importantes sumas de dinero en la lotería y a otro grupo de 29 personas que, en el último año, había sufrido un desgraciado accidente que les había dejado en silla de ruedas. Cuando se compararon los niveles de felicidad de ambos grupos con los de un grupo control de 22 personas a las que no había sucedido nada extraordinario en el último año, se descubrió un resultado sorprendente y en gran medida inesperado: los ganadores de lotería no eran más felices que las personas del grupo control, e incluso reconocían disfrutar menos de los placeres cotidianos. Además, las personas que habían quedado postradas en silla de ruedas eran solo ligeramente menos felices que las demás. La diferencia en sus niveles de felicidad en relación con los otros grupos existía, pero era muchísimo menor de la que hubiera cabido esperar. Lo que nos enseña este estudio es que dos situaciones tan diferentes y opuestas como ganar la lotería y perder la movilidad en las piernas no influyeron apenas en los niveles de felicidad de las personas: la felicidad no se esconde en un billete de lotería y tampoco la infelicidad acecha tras una silla de ruedas.

¿Es posible, entonces, que ganar la lotería no nos haga más felices? La evidencia científica así lo demuestra. En general, los estudios nos enseñan que los ganadores de lotería regresan a sus niveles de felicidad previos en relativamente poco tiempo. ¿Cuáles crees que pueden ser las razones? Es posible que no te sea difícil intuirlas si te pones en situación. ¿Recuerdas cuando cobraste tu primer sueldo? Seguramente fue una experiencia muy satisfactoria que incluso atesores en tu memoria como un valioso bonito recuerdo. Quizá el segundo y el tercero también te hicieron sentir gran gozo, pero no tardaste mucho en acostumbrarte y, hoy, recibir tu nómina a final de mes es una parte más de tu rutina de vida. Trata de recordar ahora el día en que pudiste conducir tu primer coche, aquel que te compraron tus padres de segunda mano o heredaste de algún hermano mayor. Ninguno de tus amigos tenía coche, así que en ese momento te convertiste en la reina/el rei de la carretera. Con el tiempo, tus amigos fueron comprándose sus propios coches y, comparado con ellos, el tuyo pasó a ser un cuatro latas. Efectivamente, estas dos circunstancias explicarían la escasa relación entre ganar una gran suma de dinero y la felicidad, y en psicología se conocen como *adaptación hedónica* y *comparación social*: nos adaptamos demasiado rápido al dinero y nos comparamos con personas más afortunadas.

La adaptación hedónica, o teoría del *self-point*, nos enseña que las personas nos acostumbramos sorprendentemente rápido a los cambios que nos suceden en la vida. Incluso ante cambios tan importantes y decisivos como ganar una gran suma de dinero o perder la movilidad de las piernas en un accidente, las personas tenemos una poderosa capacidad de adaptación que nos lleva a retornar a nuestros niveles previos de felicidad y satisfacción con la vida en un tiempo relativamente breve. Es como si fuéramos un barco anclado en un determinado punto de la orilla y, por mucho que el viento, la marea, las tormentas y las olas nos arrastren mar adentro, siempre terminamos volviendo a la orilla, atraídos por la fuerza de nuestra ancla. Que la llama de la felicidad encendida por cualquier cambio positivo en tu vida terminará apagándose con el tiempo seguramente no te resulte demasiado alentador, pero hay una buena noticia, y es que también la llama de la infelicidad termina extinguiéndose, sean cuales fueren las circunstancias. Más que una desventaja, la adaptación hedónica es una gran ventaja para el ser humano, aunque, en lo que a ganar la lotería se refiere, sea la encargada de aguarnos la fiesta.

La comparación social también hace estragos en la felicidad que nos invade cuando nos toca la lotería. Nuestras aspiraciones económicas aumentan a medida que lo hacen las de las personas que nos rodean, de forma que, cuando subimos un escalón en nuestra economía, en lugar de sentirnos afortunados, rápidamente empezamos a mirar a nuestro nuevo vecino. A las personas no nos importa tanto el dinero que tenemos, sino su relación con el que tienen los demás. La satisfacción de una persona se relaciona positivamente con su nivel de ingresos, pero negativamente con los ingresos de los demás. Así, muy pronto, tu recién estrenado Ferrari dejará de parecerte tan especial cuando mires el garaje de tu nuevo vecino y descubras que tiene cuatro.

Uno de los principales errores que cometemos las personas cuando fantaseamos con convertirnos en millonarios de un día para otro es pensar que todo va a continuar siendo como siempre, salvo que ahora tendremos mucho dinero para gastarlo en lo que nos apetezca. ¡Gran equivocación! La vida de un ganador de lotería da un giro completo y se convierte en algo muy complejo, lleno de decisiones difíciles y de cambios a los que adaptarse, que no siempre serán buenos. Si te toca la lotería, quizá puedas aprovechar para hacer ese viaje soñado alrededor del mundo y desconectar de todo por un tiempo, pero a tu vuelta te esperará una vida que poco o nada se va a parecer a lo que hasta ahora habías conocido. Asesoramiento legal, bancos, papeleos, inversiones... cosas que hasta ese momento sonaban lejanas van a pasar a ser el pan de cada día, y no todas las personas están preparadas para hacer frente a este tipo de decisiones complejas. Frente a lo que pueda parecer, levantarse una mañana y ser inmensamente rico suele generar grandes dosis de estrés y muchos problemas. Intuimos que nuestra vida sería mucho más sencilla, divertida y feliz si tuviéramos de repente mucho dinero, pero no somos conscientes de que todos los parámetros con los que hasta ese momento entendíamos la vida cambian y el efecto del dinero en nuestra vida cotidiana es tan arrasador como el más temible huracán. Tantos cambios y, sobre todo, tan rápidos, suelen llevar a las personas a sentirse sobrepasadas e incapaces de afrontar la nueva situación. Resulta curioso, por ejemplo, que los expertos comparen las reacciones ante una alta e inesperada ganancia económica con las reacciones ante la pérdida repentina de una gran suma de dinero. Ambas situaciones, que pueden parecer el colmo de la felicidad, una, y el colmo de la desdicha, otra, generan niveles de estrés, ansiedad, inseguridad y emociones negativas muy parecidos.

Una de las tareas más difíciles que afronta un ganador de lotería es encontrar personas en las que poder confiar. Suele ser común que el ganador se vea asaltado por frecuentes dudas e incluso paranoias con respecto a las personas que lo rodean: cuando empieza a resultar difícil saber si la persona que tienes al lado te apoya por quién eres o por lo que ahora vales en ceros, es momento de asustarse. Si en algo coinciden los testimonios de ganadores de lotería es en que, de repente, aparecen amigos y familiares por todas partes. Por desgracia, muchas veces puede ser bastante difícil reconocer si se acercan a nosotros por simple interés. Esta situación hace que se resientan enormemente las relaciones personales y que comience a nacer en la persona ganadora una terrible sensación de aislamiento.

Todos los datos científicos nos dicen que son las relaciones personales las que definen una vida plena y feliz. Cuando nos aislamos, cuando comenzamos a dudar de nuestros amigos, cuando dejamos de confiar en nuestros familiares... la vida se vuelve mucho más gris y nuestros niveles de felicidad caen en picado. Por otro lado, la mayoría de la gente que gana una suma importante de dinero en la lotería deja su trabajo antes o después, y también abandona su barrio para trasladarse a una residencia más grande, más equipada y más lujosa. Este tipo de decisiones no hacen sino aumentar el aislamiento: dejamos de relacionarnos con nuestros compañeros de trabajo, con nuestros vecinos de toda la vida y la sensación de soledad va en aumento. De modo que, ante todos esos cambios a los que el ganador debe enfrentarse, de repente se da cuenta de que está terriblemente solo y que nadie a su alrededor parece entender ni por un instante lo que está viviendo. Soportar esta situación no es nada fácil y ha pasado factura a muchos ganadores de lotería, que incluso han llegado a desear no haber ganado nunca el premio.

En el año 2008 saltó a los medios de comunicación el curioso caso de Luke Pittard, un joven británico que en 2006 había ganado casi millón y medio de libras (1,6 millones de euros) en la lotería. Luke acababa de tomar la decisión de reincorporarse a su antiguo trabajo de cajero en un McDonald's. Tras pasar 21 meses disfrutando de su nueva y acomodada vida (había comprado una gran casa, organizado un viaje de lujo para toda su familia, celebrado una boda por todo lo alto), Luke se había dado cuenta de lo mucho que extrañaba su vida anterior y de cuánto echaba de menos a sus amigos y compañeros de trabajo. Seguramente estés pensando que no está muy bien de la cabeza. ¿Quién en su sano juicio querría trabajar en un McDonald's por poco más de siete euros la hora, siendo el dueño de una enorme fortuna? La explicación es muy sencilla: las relaciones personales son una fuente de felicidad y satisfacción mucho más poderosa que el dinero. Conducir un Ferrari último modelo, si no llevas a nadie al lado acompañándote, puede resultar muy triste.

Si te toca la lotería...

Sucede, sin embargo, que, en lo tocante al dinero, nos digan lo que nos digan, a las personas nos cuesta muchísimo desprendernos de esa sensación de que la vida sería mucho mejor y más sencilla con un buen fajo de billetes en el bolsillo. Así que como lo más probable es que sigas jugando a la lotería, a continuación te recomendamos cinco pautas básicas para mantener la buena salud mental si resultas ser el afortunado ganador:

1. **Celébralo.** Por supuesto, esos primeros momentos de euforia quedarán para siempre grabados en tu memoria. Brinda, ríe, disfruta y aprovecha ese momento de intensa felicidad rodeado de las personas que quieres.

2. **Tómate tu tiempo.** Se avecinan cambios muy grandes en tu vida, quizá sea el momento de hacer un pequeño *break* antes de la tormenta. Muestran las estadísticas que los ganadores de lotería tardan entre 4 y 15 días en hacer efectivo su boleto, un tiempo muchas veces necesario para asimilar todo lo que les está ocurriendo y lo que está por llegar.

3. **Organízate y establece prioridades.** Los primeros

---

meses tendrás que tomar decisiones muy importantes; deberás decidir, por ejemplo, qué hacer con tu trabajo. Aunque la mayoría de las personas termina dejándolo, son muchas las que prefieren permanecer en su puesto durante un tiempo mientras van adaptándose a su nueva vida. Esboza a grandes rasgos cuáles son tus objetivos a corto, medio y largo plazo, y traza un plan general estableciendo cuáles van a ser tus prioridades a partir de este momento.

4. **Busca apoyo legal y financiero.** Esto es algo que no podrás hacer solo, y para ello no valen sino profesionales. Encuentra un buen equipo de asesores en el que puedas confiar y que te ayude a llevar el peso de todos los trámites a los que, a partir de ahora, tendrás que enfrentarte. Muchos ganadores de lotería han perdido todo su dinero en pocos años por malas gestiones financieras. El mundo del dinero es muy complejo y nos suele sobrepasar cuando no somos especialistas. Déjate ayudar por expertos.

5. **Rodéate de verdaderos amigos.** No dejes que la soledad y el aislamiento se apoderen progresivamente de tu vida. Es completamente normal que empieces a desconfiar y a sentir recelo de todo el que a partir de ahora se te acerque. Aprende a reconocer quiénes son tus verdaderos amigos, las personas que están cerca de ti por lo que eres y no por lo que ahora vales.

MATRIMONIO

En el año 1967, los psiquiatras Thomas Holmes y Richard Rahe elaboraron una escala con los 43 eventos de la vida diaria más estresantes para las personas, basándose en los historiales médicos de más de cinco mil pacientes. Casarse figuraba en esa escala en la posición número siete. La muerte de un esposo, el divorcio y la separación ocupaban los tres primeros puestos. Quizá no te sorprenda el resultado: las personas damos mucha importancia al amor y a las relaciones de pareja, por lo que todo lo que tenga que ver con ellas nos afecta, y mucho.

Los seres humanos necesitamos el amor para ser felices. Así lo han demostrado numerosas investigaciones que nos enseñan que las personas casadas son más felices que las solteras, además de tener mejor salud mental y física e, incluso, vivir más tiempo. En todos estos años, los psicólogos no han logrado, sin embargo, ponerse de acuerdo en cuáles son las razones exactas que explican que el matrimonio influya de una manera tan decisiva tanto en nuestra felicidad como en nuestra salud. Algunos expertos aseguran que el matrimonio tiene un poderoso efecto protector. Estar casado, por ejemplo, mejora la calidad de vida de las personas: el sueldo de dos es siempre más potente que el de uno solo, de manera que los matrimonios tendrían menos problemas financieros que las personas solteras. Además, el matrimonio parece ser también un buen colchón emocional: el compromiso aportaría a la relación un poderoso sentimiento de seguridad y confianza. Finalmente, el matrimonio actúa como un guardián: las personas casadas tienen menos conductas de riesgo y se cuidan más; por ejemplo, beben y fuman menos que las solteras.

A pesar del estrés que genera casarse —ya lo apuntaban

Holmes y Rahe en su escala—, no hay duda de que el día de la boda está rodeado de dicha y sensaciones positivas. Los estudios nos enseñan, no obstante, que esa felicidad intensa se apaga poco a poco y, un par de años después, los recién casados vuelven a sus niveles de satisfacción normales. Una vez más, la adaptación hedónica hace su trabajo. Sin embargo, cuando se pregunta a personas casadas y a personas solteras por sus niveles de felicidad, las primeras suelen situarse en niveles superiores de la escala. Pero no solo eso: uno de los datos más curiosos es que el hecho de formalizar el matrimonio también parece influir en nuestra felicidad. Los casados no solo son más felices y saludables que los solteros, viudos o divorciados, sino también que las personas que viven en pareja sin estar casadas. Una de las razones que se han dado para este curioso dato es que la seguridad que proporciona el matrimonio nos hace sentir más seguros, confiados y relajados. En el matrimonio, la estabilidad y el compromiso resultan mayores. Un grupo de investigadores de la Universidad de Pennsylvania analizó los testimonios de 691 personas entrevistadas telefónicamente en los años noventa, y comprobaron que, cuanto más fuerte era el compromiso que mantenían con su pareja, mayor era su felicidad, su sensación de bienestar e, incluso, su autoestima. Así, las personas casadas fueron las que más felices y satisfechas dijeron sentirse, seguidas por las que convivían con su pareja pero sin estar casadas, las que mantenían una relación seria pero sin convivencia, las que mantenían una relación abierta y, finalmente, aquellas que no mantenían ninguna relación sentimental.

Casi todos los estudios suelen mostrar que los efectos positivos del matrimonio son bastante más poderosos en los hombres que en las mujeres. Una investigación que se llevó a cabo en la Universidad de Magdeburgo (Alemania) con datos de más de cien mil ciudadanos europeos mayores de 65 años que habían fallecido entre los años 2001 y 2002, reveló que los hombres casados viven 1,54 años más que los que no lo están, mientras que las mujeres sufren el efecto contrario y su esperanza de vida disminuye en 1,71 años comparada con la de las solteras. Los investigadores han aventurado que, quizá, una de las razones de este fenómeno sea que las mujeres casadas se ven en la difícil y estresante tesitura de tener que compaginar la vida laboral con la doméstica. Por el contrario, para un hombre, estar casado tendría un efecto protector generado por el control que su mujer ejerce sobre él para mantenerlo alejado de malos hábitos de salud: beber demasiado alcohol, conducir imprudentemente, fumar o tomar drogas... Otra explicación de por qué el matrimonio parece ser más importante para él que para ella es que los lazos de amistad de las mujeres suelen ser más estrechos y reciben constante apoyo emocional fuera de la pareja. Los hombres, en cambio, tienden a buscar el soporte emocional en su pareja y no en sus amigos.

MEDITACIÓN

¿Te has parado alguna vez a pensar que la mente humana nunca descansa? Nuestro pensamiento está en constante actividad, tratando de dar solución a cientos de pequeños y grandes desafíos cotidianos, valorando alternativas, tomando decisiones, coordinando estrategias, procesando toda esa vorágine de información que recibe del mundo exterior, rememorando el pasado y aventurando el futuro... Prácticamente no hay descanso para la mente, pues, incluso mientras dormimos y el cuerpo aprovecha para descansar, nuestra mente continúa manteniendo su actividad psíquica a través de los sueños. Entonces, ¿es que la mente nunca precisa tomarse un respiro? Claro que lo necesita, aunque debido a nuestro estilo de vida acelerado y frenético, solemos pasarlo por alto.

Es posible dar a la mente el merecido descanso que requiere a través de la meditación. Cuando meditamos, entramos en un estado de atención relajada que nos permite dirigir y focalizar nuestra atención hacia lo más profundo de nuestro ser. Meditar es una actividad placentera y altamente beneficiosa que permite a nuestra mente relajarse y liberarse de las tensiones, del cansancio y del estrés.

Tradicionalmente ha estado ligada a las religiones orientales, pero, en verdad, la meditación existe desde hace miles de años en todas las religiones y culturas. Quizá estés pensando que la meditación no sintoniza demasiado con tus creencias, y que se trata de pura charlatanería mística y esotérica. Sin embargo, nada más lejos de la realidad. Existen decenas de estudios científicos que demuestran de una forma muy sólida que la meditación influye poderosamente en nuestro estado de ánimo y en nuestra salud: incrementa la felicidad y las emociones positivas de quienes la practican, además de reducir el estrés y fortalecer incluso la salud física. Un grupo de trabajadores siguió un sencillo entrenamiento durante ocho semanas para aprender a meditar. Transcurrido ese tiempo, y al compararse con otro grupo de trabajadores de la misma empresa que no había realizado este entrenamiento, se descubrió que su respuesta inmunitaria al virus de la gripe se había fortalecido. Se ha demostrado también que meditar mejora la capacidad intelectual y potencia la memoria. Un grupo de estudiantes universitarios mejoró las calificaciones en sus exámenes tras recibir un entrenamiento para aprender a meditar. La meditación puede ayudar, además, a personas que padecen enfermedades como el dolor crónico, cardiopatías, dermatitis... y trastornos mentales como la depresión o la ansiedad.

Y es que los efectos de la meditación, lejos de ser un simple placebo, están mediados por el sistema nervioso central de nuestro organismo. El entrenamiento y la práctica continuada de la meditación producen cambios significativos en la forma en la que nuestro sistema nervioso responde a los estímulos externos y se recupera de los desequilibrios internos. La meditación mejora la capacidad de respuesta de nuestro organismo y facilita la recuperación del equilibrio biológico cuando se altera como respuesta a situaciones de estrés.

Meditar supone focalizar la atención y para ello es imprescindible, por un lado, la relajación, y, por otro, la concentración. Antes de comenzar a practicar la meditación es fundamental aprender a relajarse. La vida que llevamos la mayoría de nosotros está llena de ajetreo y estrés, que suelen generarnos muchas tensiones físicas y mentales. Aprender a respirar, relajar los músculos y encontrar un estado de paz interior es un paso previo imprescindible para la meditación. Por su parte, la concentración nos permite mantener la atención bajo control. Es normal que las primeras veces que ponemos en práctica la meditación no tardemos demasiado en desviar nuestra atención y comenzar a pensar en otra cosa, en las tareas que nos quedan pendientes ese día, en el trabajo de mañana, en la comida que cocinaremos después... Si perdemos la concentración, el proceso de meditación no va a funcionar. Por suerte, no perderla es simplemente una cuestión de práctica.

Aprender a meditar no es una tarea fácil para todo el mundo. Aunque el proceso es realmente sencillo, convertirlo en una rutina implica paciencia, esfuerzo y práctica. Es un error común querer resultados inmediatos y desesperarse cuando no se obtienen: ten paciencia, la meditación requiere su tiempo, pero sus beneficios son muy grandes. Empieza a practicar durante unos minutos al día y ve aumentando el tiempo progresivamente cuando te vayas sintiendo más cómodo. Una buena opción es contar con el apoyo de un profesor en una escuela especializada.

Consejos para meditar

Los primeros días no es conveniente que medites más de 5 minutos, y con el tiempo y la práctica irás aumentando hasta llegar a los 15 o 20 minutos. Comprobarás que la práctica continuada de la meditación brinda paz y tranquilidad a tu vida. A continuación te damos nueve consejos y claves para que puedas empezar a practicar.

1. El mejor momento para meditar es la mañana, pues la temperatura ambiente y la energía de estas primeras horas del día son perfectas para alcanzar el estado de serenidad y paz que requiere la meditación. Existe un periodo que va desde las 4:00 hasta las 6:00 h (hora solar que en invierno sería de 5:00 a 7:00 h y, en verano, de 6:00 a 8:00 h) durante el cual la meditación es especialmente efectiva, pues el esfuerzo de concentración que debemos realizar es menor. Si no puedes meditar por la mañana, el atardecer es también una buena alternativa. Sea como

fuere, escoge siempre un momento en el que dispongas de tiempo suficiente, sin prisas ni agobios.

2. Ten en cuenta que, mientras se hace la digestión, es muy difícil alcanzar el estado de concentración que requiere la meditación. Evita, por tanto, meditar en las horas siguientes a la comida. Tampoco es recomendable hacerlo si se ha bebido alcohol.

3. Establece una rutina de meditación. Lo más conveniente es que, desde el principio, determines un lugar concreto y una hora específica en los que meditar, de manera que lo hagas siempre en el mismo momento y en el mismo sitio. Con el tiempo, tu propio cuerpo va a aprender a entrar en un estado de calma simplemente cuando se vaya acercando la hora establecida o cuando te sitúes en el lugar que hayas destinado a la meditación.

4. La clave para que la meditación funcione es la comodidad. Por eso, es fundamental que la postura que adoptes te sea cómoda, pues concentrar la mente será mucho más difícil si sientes molestias o dolor. Elige una postura cómoda en una posición relajada. Puedes sentarte en una silla, apoyándote en el respaldo y con el mentón ligeramente inclinado hacia adelante, o sobre un almohadón o manta en el suelo, manteniendo la espalda recta, la pelvis hacia delante y la cabeza alta. Eso sí, nunca te tumbes, pues probablemente acabarás durmiéndote.

Aunque la posición tradicional de meditación es la del loto (piernas cruzadas con el pie derecho sobre la pantorrilla izquierda de forma que las rodillas permanecen firmemente pegadas al suelo), en realidad no tienes que adoptar ninguna posición inusual si no te sientes cómodo en ella, simplemente colócate en una postura que te resulte confortable y que te permita respirar fácilmente. Te será realmente difícil meditar si te aprieta la ropa, por lo que es recomendable que te vistas con prendas holgadas y suaves, preferentemente de algodón o lino y, por supuesto, descálzate.

5. Si tienes posibilidad, reserva una habitación especial de tu casa para meditar, así podrás acondicionar ese espacio para crear un ambiente confortable, tranquilo y bonito. Mantenlo siempre fresco y bien ordenado. Puedes ambientarlo con flores frescas o encender incienso. Si no puedes reservar una habitación exclusivamente para meditar, cuida de que el lugar que elijas sea tranquilo y relajante. No olvides apagar la televisión, el teléfono móvil y cualquier otro aparato electrónico que pueda distraerte. La música suave puede funcionar bien, pero no es imprescindible y quizá te distraiga. Mantén una temperatura adecuada: te resultará muy difícil relajarte en lugares con el aire acondicionado demasiado potente y también si hace un calor excesivo. La luz debe ser tenue y cálida, en semipenumbra.

6. Una vez que has acondicionado el espacio y adoptado una postura cómoda, es hora de comenzar la meditación. Lo primero que debes hacer es controlar tu respiración, que debe ser rítmica y siempre por la nariz: inspira profundamente contando hasta 4, retén el aire mientras cuentas hasta 8 y expúlsalo silenciosamente mientras vuelves a contar hasta 8. Puedes ir mejorando esta técnica gradualmente aumentando los tiempos a 6-12-12. Mientras haces esto, concéntrate y siente cómo va fluyendo el aire por todo tu cuerpo. Gracias a la respiración rítmica, vas a conseguir que, poco a poco, el cuerpo se relaje y tu mente vaya quedando en blanco.

7. Relaja progresivamente todos los músculos de tu cuerpo. No te apresures a hacerlo, tómate tu tiempo y focaliza tu atención en todo lo que vas sintiendo durante la relajación, sobre todo en el contraste entre tensión y relajación. Empieza por los dedos y las manos, y ve subiendo hasta que llegues a la cabeza para bajar entonces hasta la punta de los pies. El sistema es muy sencillo: aprieta fuertemente un músculo, poniéndolo en tensión, y seguidamente relájalo. Verás como después de tensionar un músculo se encuentra mucho más relajado que antes de aplicar la tensión. Con el tiempo te será muy fácil reconocer la tensión de un músculo y automáticamente reducirás esa tensión hasta que quede relajado.

8. Una vez que te sientas completamente relajado, cierra los ojos y selecciona un punto focal sobre el que centrar tu atención, por ejemplo, el corazón o el punto medio entre las cejas. Este punto focal, que siempre debe ser el mismo, te ayudará a concentrarte. Cuando hayas orientado todo tu pensamiento hacia ese punto, comienza a visualizar un lugar tranquilo para ti, un lugar real o imaginario, por ejemplo, un paisaje bonito, y deja que tu mente vaya recorriendo con calma ese paisaje, fijándose en cada detalle: el cielo, los árboles, el río, las montañas, los pájaros... Cuando sientas que ya no hay presiones ni tensión y que tu mente fluye libremente y sin esfuerzo... estarás meditando.

9. Un buen truco para ayudarte en el proceso de meditación es utilizar un mantra, que no es más que un sonido que, al ser repetido una y otra vez, va llevando a la persona a un estado de profunda concentración. Puede ser una sílaba, una palabra, una frase o incluso un texto

largo, recitado en voz alta o de manera interna. Uno de los mantras más utilizados en meditación es «om», y también existen otros bastante comunes, como «aom» o «ham», pero si lo prefieres puedes utilizar un mantra propio, ideado por ti, siempre que sea sencillo de recordar y que no esté asociado a ningún tipo de sensación desagradable.

MINDFULNESS

¿Cuántas veces te has sorprendido reprochándote los errores del pasado o construyendo castillos en el aire del futuro? Cada vez con mayor frecuencia las personas nos olvidamos del presente y nos perdemos en los laberintos de lo que pudo ser y no fue o de lo que podrá ser. Vivir con plenitud el presente es una de las asignaturas pendientes del ser humano del siglo XXI. Para recordarnos la importancia de vivir y disfrutar del presente, ha aparecido en los últimos años un concepto psicológico que en español aún carece de traducción, el *mindfulness*. Aunque a primera vista pueda parecer algo ajeno a nosotros o demasiado científico, en realidad, el *mindfulness* es un estado muy cercano y familiar, que todos hemos experimentado en numerosas ocasiones de nuestra vida cotidiana. El *mindfulness* tiene que ver con esos momentos en los que somos plenamente conscientes de lo que estamos viviendo, pensando o sintiendo. Es un estado de atención y conciencia plena de lo que nos está ocurriendo en un momento concreto.

Aunque en Occidente hemos descubierto el *mindfulness*

hace poco tiempo, en la cultura oriental, y muy especialmente en el budismo zen, es un concepto muy antiguo que está presente desde tiempos remotos. La importancia de vivir el presente es algo que conocen muy bien nuestros vecinos de Oriente y que debemos aprender si queremos mejorar nuestra calidad de vida y ser más felices.

El *mindfulness* nos enseña a concentrarnos en sentir las cosas tal y como nos suceden sin intentar controlarlas o juzgarlas, permitiendo que las sensaciones y emociones nos invadan por completo, que penetren profundamente en nuestro ser y las aceptemos con todas sus consecuencias. Concentrarse plenamente en el momento presente sin valorar lo que nos sucede, solo sintiéndolo, aceptándolo tal y como viene, sin tratar de controlarlo racionalmente, eso es *mindfulness*. Todo, tanto lo positivo como lo negativo, debe aceptarse como una experiencia más que vivimos. Cualquier experiencia debe ser vivida, lo positivo y lo negativo, lo perfecto y lo imperfecto, lo bueno y lo malo. Frente a muchas teorías psicológicas que pretenden eliminar por completo las experiencias negativas de los seres humanos y potenciar el pensamiento positivo como pensamiento único, desde el *mindfulness* se nos enseña a aceptar todo tipo de experiencias y a vivirlas en toda su profundidad.

Centrarnos en el presente de una forma activa y reflexiva implica aprender a ser capaces de aceptar y vivir plenamente nuestros sentimientos y emociones sin evitarlos ni intentar controlarlos. Muchas veces, cuando tratamos de explicar lo que sentimos, lo único que conseguimos es modificarlo; el excesivo control que ejercemos sobre nuestras emociones y sentimientos nos ha llevado a perder la oportunidad de experimentar toda la fuerza y la riqueza de nuestro mundo emocional. Es necesario dejar que la emoción fluya libremente, captarla con nuestros cinco sentidos. El *mindfulness* nos invita a experimentar las situaciones tal y como se producen, a ejercer una observación directa que implique mente y cuerpo en toda su profundidad, y a dejarnos llevar por las sensaciones y las emociones que percibimos, permitiendo que actúen de forma natural, pues son nuestras propias emociones las que se regulan ellas mismas gracias a sus sistemas naturales autorreguladores.

Practica el *mindfulness*...

A continuación te proponemos algunas claves para practicar el *mindfulness* de una manera sencilla y efectiva:

• **Respiración.** Céntrate en tu respiración y experimenta libremente todas las sensaciones que aparezcan en torno a tu ritmo respiratorio. Escoge un momento del día en el que estés tranquilo y cómodo. Antes de comenzar, evita que nada de lo que lleves puesto te apriete. Siéntate en una silla cómoda, sin cruzar las piernas, y cierra los ojos. Coloca una mano sobre tu abdomen, a la altura del ombligo, y la otra sobre el pecho, y comienza a respirar de forma normal. Comprueba cuál de las dos manos se mueve más al tomar y expulsar el aire, si la del abdomen o la del pecho. El objetivo es ir utilizando cada vez más el abdomen y que el pecho se mueva lo menos posible, pues es un tipo de respiración más profunda y beneficiosa que nos mantiene más tranquilos y menos ansiosos.

• **Ejercicios centrados en sensaciones corporales.** Experimenta las sensaciones corporales asociadas al repaso activo de tu cuerpo. El ejercicio lo puedes hacer de pie o tumbado. Concéntrate en sentir tu cuerpo, reconoce dónde tienes el peso del cuerpo, qué zonas están tensas y cuáles relajadas, cómo está alineada tu columna vertebral, detente en cada parte de tu cuerpo, comenzando en la cabeza y bajando hasta los pies. Mueve los brazos, las manos, los dedos; haz lo mismo con las piernas y los pies, siente el movimiento y déjate llevar por las sensaciones corporales que suscita. Toma conciencia de tu cuerpo y somételo a un escaneo completo.

• **Relajación.** El paso previo a la meditación es aprender a relajarse. Observa lo tenso que llegas a estar en algunos momentos del día. Haz el siguiente ejercicio varias veces cada día: durante un minuto, deja lo que estás haciendo, retírate a un lugar tranquilo y túmbate sobre una cama con los brazos y las piernas estirados y relajados. Utiliza la respiración abdominal y trata de dejar la mente completamente en blanco; para ayudarte, imagínate que te sumerges en un océano de luz y no pienses en nada, simplemente quédate sumergido en la luz. Siente la presión de tu cuerpo. Aprieta el puño, siente la tensión, y ahora libéralo, sintiendo la relajación. Repite este proceso de tensión-relajación en diferentes partes de tu cuerpo, subiendo de los pies a la cabeza.

• **Meditación.** El paso más cercano al *mindfulness* es la meditación. Los ejercicios de meditación deben realizarse en una misma habitación a oscuras, a ser posible siempre en la misma. Siéntate en una silla cómoda con el cuerpo erguido y las piernas ligeramente separadas, mientras tus manos descansan sobre las rodillas, o utiliza la posición del loto sentándote en el suelo. Los primeros días no es conveniente que medites más de 5 minutos y con el tiempo y la práctica irás aumentando hasta llegar a los 15 o 20 minutos. Concéntrate en una idea concreta, por ejemplo, en un paisaje bonito, y deja que tu mente recorra con calma ese paisaje, fijándose en cada detalle: el cielo, los árboles, el río, las montañas, los pájaros...

MOTIVACIÓN

Dice un conocido refrán que querer es poder. Quizá no sea tan sencilla la vida, pero está claro que, para lograr algo, hay que querer conseguirlo. La motivación es el motor interno que impulsa a las personas a luchar por aquello que quieren, la fuerza que aporta la energía necesaria para alcanzar objetivos y metas. Cuando una persona está motivada, actúa, se mueve, está abierta a los cambios y a los retos. Uno de los grandes obstáculos que las personas encuentran en el camino hacia una vida más feliz e interesante es, precisamente, la falta de motivación. Las personas a las que les falta la motivación se vuelven apáticas y pasivas, pasan su vida como dormidas y pocas veces alcanzan sus sueños.

La motivación se alimenta de dos fuentes: los factores intrínsecos, o internos, y los factores extrínsecos, o externos. La motivación intrínseca surge en el interior de las personas, en sus intereses, sus gustos y sus deseos. Este tipo de motivación impulsa a las personas a realizar una actividad por el simple placer de hacerla, como cuando se tiene un *hobbie* o una afición. La motivación extrínseca está basada en recompensas y premios externos: un aumento de salario para trabajar más, un premio por ganar un juego... En este caso, las personas realizan una actividad no por la actividad en sí misma, sino por lo que reciben a cambio de realizarla.

El mundo en el que vivimos está organizado, fundamentalmente, sobre la motivación externa, y un alto porcentaje de las actividades y tareas que las personas llevamos a cabo tiene como fin conseguir recompensas en forma de dinero, reconocimiento social, prestigio... Desde muy pequeños, a los niños se les enseña a aprender utilizando un sistema de recompensas en el que deben estudiar para sacar buenas notas en un examen. Los niños no suelen estudiar por amor al conocimiento o por ganas de aprender, sino para obtener una buena calificación en una prueba. Este sistema se repite de forma constante durante todo el periodo educativo y continúa cuando nos hacemos adultos y pasamos a formar parte del sistema productivo laboral: la gran mayoría de las empresas funciona con un sistema de recompensas en forma de dinero, ascensos e incentivos.

Así las cosas, podría parecer que la motivación extrínseca lo consigue todo, que basta con dar una recompensa a una persona para insuflarle la motivación necesaria con la que desempeñar una tarea. Numerosos estudios demuestran, sin embargo, que esto no ocurre así. Muy al contrario, la motivación extrínseca puede llegar a ser contraproducente y perjudicial para el rendimiento de las personas. Hay algunas situaciones, por ejemplo, en las que la motivación extrínseca puede destruir la motivación intrínseca. Este fenómeno se conoce como *sobrejustificación* y ha sido puesto en evidencia en varios estudios científicos. Cuando se recompensa a las personas por una tarea de la que ya disfrutan, tiende a reducirse su satisfacción, pues lo que era un sencillo y placentero entretenimiento se convierte en un trabajo. Seguramente hayas deseado alguna vez que te pagaran por hacer lo que más te gusta: por leer un libro, por jugar a un videojuego, por ver películas... Sin duda podría parecer el colmo de la felicidad, pero en realidad no lo es.

Existe un curioso estudio realizado con niños que demostró lo equivocado de esta creencia. Los investigadores dividieron en dos subgrupos a un grupo de niños de preescolar a los que les encantaba dibujar. A los niños del primer grupo se les explicó que, si jugaban con los rotuladores, recibirían un bonito premio. A los del segundo grupo se les dejó jugar sin más con los rotuladores, sin prometerles ninguna recompensa. Pasadas dos semanas, los investigadores volvieron a la escuela y observaron a cada grupo de niños mientras jugaban nuevamente con los rotuladores. Descubrieron que los niños que formaron parte del grupo de la recompensa ahora jugaban menos con los rotuladores que aquellos a los que no se les había ofrecido ningún premio a cambio. Para el primer grupo de niños, lo que antes había sido un juego ahora se había convertido en una actividad que hacían para obtener una recompensa, por lo que había dejado de ser algo con lo que simplemente disfrutaban. Habían pasado a poner más atención en la retribución que iban a obtener que en la actividad en sí misma y eso hacía que pintar con los rotuladores dejara de ser tan interesante como antes. La motivación extrínseca había eliminado la motivación intrínseca de estos niños, y eso es precisamente lo que ocurriría si alguien te ofreciera dinero por hacer las cosas que más te gusta hacer.

En el mundo en el que vivimos se fomenta demasiado el

sistema de recompensas, por lo que muchas personas suelen tener problemas cuando la motivación, las ganas y la voluntad de hacer cosas deben nacer de sí mismas. Es importante buscar la motivación en el interior de nosotros mismos, potenciar la capacidad que tenemos todos los seres humanos de implicarnos en actividades por nuestro deseo de realizar cosas porque nos importan, porque nos gustan y porque nos resultan interesantes, sin esperar a que actúen sobre nosotros estímulos externos. La motivación intrínseca es un motor de vida mucho más poderoso y eficaz que la motivación extrínseca.

N

NOSTALGIA

Seguramente te haya sorprendido encontrar en este diccionario de la felicidad la palabra nostalgia. ¿Acaso no es la nostalgia una emoción negativa? La mayoría de las personas así lo cree; sin embargo, la nostalgia es una emoción positiva y una buena medicina para el alma. Aunque históricamente la nostalgia ha sido entendida como un problema, en realidad es una estrategia adaptativa que influye positivamente en nuestro bienestar psicológico.

Sentimos la punzada de la nostalgia cuando deseamos algo que ya no existe o que ya no está a nuestro alcance porque pertenece al pasado. Escuchar una canción de nuestra juventud, recordar a una persona a la que quisimos y ya no está con nosotros, regresar a un lugar en el que vivimos un momento importante de nuestra vida, oler un aroma familiar... dispara en nosotros un cóctel de sentimientos en el que se mezclan la añoranza alegre y afectuosa de una maravillosa experiencia vivida con la tristeza y la melancolía de tomar conciencia de que pertenece a un pasado que nunca volverá.

Durante mucho tiempo, la nostalgia fue considerada como un trastorno mental que había que combatir. Hace algunos años, sin embargo, los psicólogos comenzaron a tomar en cuenta la posibilidad de que la nostalgia tuviera aspectos positivos e incluso terapéuticos, y así lo han confirmado estudios científicos recientes: las experiencias nostálgicas generan emociones positivas, nos hacen sentir amados y protegidos por otras personas, potencian la percepción de que nuestra vida tiene sentido e, incluso, refuerzan nuestra autoestima y nuestra identidad personal. Otra función importante de la nostalgia es la de estrechar los lazos entre nuestro pasado y nuestro presente: al proporcionarnos una visión positiva del pasado, la nostalgia nos ayuda a afrontar el presente con optimismo y a dar más significado a nuestra vida.

Suele decirse que la nostalgia camina de la mano de la soledad. Y es cierto: la nostalgia suele aparecer en situaciones en las que nos encontramos solos, tristes o desesperanzados. Experimentar nostalgia y traer a la memoria los recuerdos del pasado actúa en estos momentos como un revulsivo que contrarresta los efectos de la soledad y nos ayuda a escapar de los problemas cotidianos. Gracias a la nostalgia, uno vuelve a sentirse querido, arropado, y la desagradable sensación de soledad desaparece. Esto ocurre así porque los recuerdos que generan nostalgia son normalmente positivos, es más, recordamos con nostalgia los grandes momentos de nuestra vida, aquellos que marcaron y definieron lo que somos hoy en día. Además, la nostalgia nos conecta con las personas que nos rodean y estrecha nuestros vínculos afectivos con ellas, ya que la mayoría de los episodios nostálgicos tienen que ver con otras personas. Experiencias, objetos, películas, canciones, aromas... están a menudo relacionados con contextos sociales; los mejores momentos de nuestra vida no solemos pasarlos solos, sino junto a personas que nos importan y por esa razón la nostalgia nos hace sentir más cercanos y unidos a los demás.

Así que no tengas ningún reparo en alimentar tus sentimientos nostálgicos de vez en cuando. Siente el calor del pasado y disfruta con los recuerdos de los grandes momentos que has vivido, las maravillosas personas con las que te has cruzado en el camino y que han enriquecido tu vida. Será inevitable sentir también una punzada de dolor, de melancolía y añoranza, pero aprender a aceptar esas emociones e incorporarlas a nuestra forma de vida es parte del camino hacia la felicidad.

O

OBJETIVOS

El 10 de mayo de 1508, Michelangelo Buonarroti comenzó a trabajar en la decoración de la bóveda de la Capilla Sixtina, asumiendo el encargo que le había realizado el papa Julio II. El artista tardó año y medio en hacer el boceto, y después, durante casi cuatro largos años (hasta 1512), pintó los frescos de la capilla subido a un andamio que él mismo había construido. «Nadie ha penado nunca lo que yo estoy penando y padeciendo ahora, sin salud y con muchas fatigas, y, sin embargo, espero con paciencia el momento de alcanzar el fin deseado», escribió en una ocasión. No importa lo que cueste conseguirlo, fijarse un objetivo y cumplirlo es una de las experiencias más satisfactorias que puede vivir una persona.

Algunas personas centran su vida en objetivos relacionados con el trabajo: ser un buen médico, triunfar en el cine, lograr un ascenso... otras, por su parte, prefieren dedicarse a objetivos relacionados con su vida personal y social: tener un hijo, formar una familia, mientras que, para otras, los objetivos de su vida están centrados en la espiritualidad o en el compromiso con los demás. No importa cuál sea el objetivo, cada persona debe encontrar el suyo y luchar por alcanzarlo. Trabajar para conseguir un objetivo importante en la vida es una de las principales herramientas de las que disponemos los seres humanos para lograr la felicidad. Cuando una persona no tiene ningún sueño que perseguir ni ninguna meta que alcanzar en su vida, se encuentra desorientada, perdida, y siente que le invaden la desidia y la desesperanza. Por el contrario, perseguir objetivos nos hace sentir que ejercemos control sobre nuestra vida, nos proporciona algo por lo que esforzarnos y aporta estructura y significado a nuestro día a día, además de aumentar nuestra autoestima y ayudarnos a sentir confianza en nosotros mismos.

Ahora bien, nadie dijo que perseguir objetivos fuera fácil. Muchas veces es preciso soportar grandes dosis de trabajo duro y tedioso, esforzarse, armarse de paciencia, asumir riesgos... y si no que se lo digan a Miguel Ángel, que no lo pasó demasiado bien mientras pintaba la Capilla Sixtina: el camino hacia una meta está normalmente lleno de obstáculos. Algo curioso que la psicología nos ha enseñado es que el proceso que emprendemos para conseguir un objetivo suele ser más importante y decisivo para nosotros que su propia consecución. Es decir, lo que realmente nos hace felices y nos ayuda a crecer como personas no es tanto el resultado final, sino el camino que emprendemos para alcanzarlo. Y, de hecho, no es nada extraño que una persona se vea invadida por una cierta decepción en el preciso momento en el que logra un sueño que lleva años persiguiendo, una especie de vacío interior que se mezcla con la natural alegría.

Escoger un objetivo por el que luchar es algo muy personal y debe nacer de cada uno, sin importar lo que piensen los demás o lo que la convención social haya establecido. Busca objetivos que te apasionen y que estén estrechamente relacionados con tus gustos, tus intereses y tus aficiones. Mientras más se acerque un objetivo a tu personalidad, más probabilidad tendrás de obtener satisfacción y placer en su consecución. Puede suceder que te cueste encontrar objetivos significativos que perseguir; para saber cuáles son los objetivos más apropiados para ti, es necesaria una labor de introspección, conocerte bien a ti mismo y poseer un buen grado de inteligencia emocional. Puedes ayudarte escribiendo tu propio legado, aquello por lo que te gustaría ser recordado por tus hijos, tus nietos o tus bisnietos. Redactar este escrito te ayudará a definir tus valores y prioridades en la vida, a tomar conciencia de lo que hasta ahora has logrado y de aquello que quieres lograr en el futuro. A partir de aquí, elige uno o varios objetivos que sean importantes para ti y dedica tiempo, energía y esfuerzo para alcanzarlos; entrégate a ellos con pasión, ardor y entusiasmo.

Redefine objetivos: aproximación *versus* evitación

Un mismo objetivo puede alcanzarse a través de dos vías diferentes: por aproximación o por evitación. Por ejemplo, una persona puede tener como objetivo comer sano y mantenerse en forma (acercarse a un resultado agradable) o no engordar (evitar un resultado desagradable). Se ha demostrado de forma muy sólida que quienes persiguen objetivos por evitación son menos felices y están más preocupados y angustiados que quienes persiguen objetivos por aproximación. La razón que puede explicar este resultado es que concentrarse en un objetivo por evitación nos hace ver las cosas desde un punto de vista negativo y ser más sensibles al fracaso. Ahora que conoces esta circunstancia, aprovecha para redefinir tus objetivos en términos positivos y por aproximación; no solo te será más fácil alcanzarlos, sino que te sentirás más feliz y satisfecho al hacerlo.

OCIO

Es probable que pertenezcas a esa inmensa mayoría de personas que aguarda con impaciencia el momento de abandonar su lugar de trabajo para llegar a casa y disfrutar de su merecido tiempo de ocio. Casi todos seguimos rutinas diarias bastante similares: pasamos un tercio del día durmiendo, otra tercera parte trabajando o realizando tareas necesarias para el funcionamiento cotidiano, mientras que el último tercio del día lo ocupa el tiempo libre, esos ratos en los que por fin podemos dedicarnos a nosotros mismos y hacer lo que realmente nos gusta. Ocurre, sin embargo, con mucha frecuencia, que una vez que llega este momento del día, las personas no tienen ni idea de qué hacer. No estamos preparados para estar ociosos, sin estímulos externos que demanden nuestra atención, y, sin nada concreto en lo que ocupar el tiempo, nuestra concentración disminuye, la mente se dispersa y comienza a vagar de un lado a otro.

Cuando la atención se libera de las cadenas que la atan a las exigencias y demandas del mundo exterior, se dirige casi irremediablemente hacia nuestro interior para detenerse justo sobre los problemas. Y una vez que los problemas han invadido nuestra conciencia, nos resulta realmente difícil no hacerles caso; no hacemos más que darles vueltas una y otra vez, generando un estado de ansiedad muy desagradable. Para evitar esta situación, cuando una persona no tiene nada que hacer trata de distraer su atención con cualquier tipo de estímulo externo fácilmente accesible. Esto explica por qué muchos de nosotros pasamos gran parte de nuestro tiempo libre delante del televisor. La pantalla arroja imágenes de forma constante y reclama la atención del espectador casi sin ningún esfuerzo por su parte; ver la televisión es una manera sencilla y accesible de «engañar» nuestra atención, obligándola a permanecer atenta a las imágenes y evitar así que se vuelva hacia nuestras preocupaciones y problemas. La televisión resulta tan atractiva porque aporta orden a la conciencia. Los argumentos predecibles, los personajes familiares, los formatos repetidos e incluso los anuncios redundantes son estímulos que calman nuestra conciencia. La pantalla atrae nuestra atención porque es un aspecto manejable y limitado del entorno; mientras nuestra mente está interactuando con la televisión, se protege de las preocupaciones personales.

   ¿En qué sueles ocupar tu tiempo libre? Las encuestas nos revelan que la mayoría de las personas cree que su tiempo de ocio debe dedicarse a descansar y a utilizar la mente lo menos posible. Solemos pensar que los mejores momentos de nuestra vida acontecen cuando estamos relajados, sin hacer nada, descansando. En realidad, sucede exactamente lo contrario: los mejores ratos suelen ocurrir cuando nuestro cuerpo o nuestra mente están en plena actividad y se orientan a alcanzar metas y objetivos: disfrutar de un concierto, leer un buen libro, jugar una partida de ajedrez, disputar un partido de baloncesto, bailar con nuestra pareja, jugar con nuestros hijos, cocinar un rico plato... Cuando hemos luchado por alcanzar una meta, cuando hemos dado todo de nuestra parte para lograr un objetivo, es entonces cuando nos sentimos realmente felices y realizados.

No todas las actividades de tiempo libre son iguales; no es lo mismo pasar la tarde frente al televisor que practicando un deporte, leyendo un libro, visitando un museo o haciendo punto de cruz: existe una diferencia fundamental entre el ocio activo y el ocio pasivo, y es que producen efectos psicológicos muy diferentes. Llenar nuestros ratos libres con actividades que requieran concentración, que hagan aumentar nuestras habilidades, que produzcan un mayor desarrollo de la personalidad, no es lo mismo que matar el tiempo viendo la televisión. La primera estrategia conduce al crecimiento, mientras que la segunda solo sirve para evitar que la mente se disperse. A menos que se sepa aprovechar, el ocio por sí mismo no aumenta la calidad de vida de las personas. El ocio pasivo no conduce a ninguna parte y se convierte en un problema cuando la persona lo utiliza como estrategia principal para llenar su tiempo libre.

Una encuesta realizada hace pocos años reveló que los españoles dedicamos una media de tres horas diarias a ver la televisión. Para el 91 %, ver la televisión es la actividad principal de su tiempo libre, por encima de la vida social, los deportes y las actividades al aire libre, la aficiones y los juegos. El 47 % de los españoles asegura, sin embargo, que no lee nunca o casi nunca. La lectura, a pesar de ser una ocupación tranquila, que no demanda esfuerzo físico, no es una actividad de ocio pasivo, pues requiere la puesta en marcha de los procesos cognitivos necesarios para interactuar con un código escrito, activa la imaginación y promueve el desarrollo intelectual. Cuando una persona se mete en la cama cansada después de un día de trabajo y enciende la televisión, solo está pasando el rato; cuando decide leer un libro, está enriqueciendo su personalidad y aumentando la complejidad de su ser.

Algunas veces confundimos el tiempo de ocio con no hacer nada. La inactividad, la falta de motivación, el aburrimiento, la apatía, la pereza... son estados extremadamente negativos que generan círculos viciosos de los que resulta especialmente difícil salir. Cuando una persona se sumerge en una dinámica de ocio pasivo, su mente sufre el peligro de adormecerse y anquilosarse, todo su potencial creativo e imaginativo se oxida y se pierden maravillosas oportunidades de crecimiento y desarrollo. Los peligros de la desmotivación y la apatía son especialmente importantes en la infancia y la adolescencia. Nuestros niños y adolescentes adoptan cada vez con más frecuencia formas de ocio pasivo, que, a largo plazo, pueden tener efectos física y mentalmente devastadores. Los adolescentes norteamericanos, por ejemplo, reconocen disfrutar de forma plena aproximadamente un 13 % del tiempo que pasan viendo la televisión, un 34 % del tiempo que dedican a sus aficiones y un 44 % del tiempo que practican deportes y juegos. Estos datos revelan que una afición tiene más del doble de probabilidades de producir un estado elevado de disfrute que simplemente ver la televisión, y que los juegos y los deportes, el triple. Sin embargo, las estadísticas revelan que esos mismos adolescentes dedican cuatro veces más tiempo a ver la televisión que a sus aficiones o a practicar deporte. ¿Por qué pasa alguien cuatro veces más tiempo haciendo algo que tiene menos de la mitad de posibilidades de hacerle sentir bien? Las actividades que promueven experiencias de flujo demandan una inversión inicial de esfuerzo; sentarse en el sofá en pijama a ver la televisión es más sencillo que vestirse, salir a la calle y quedar con los amigos para jugar un partido de baloncesto. Es la diferencia entre el ocio pasivo y el ocio activo. Las actividades de ocio pasivo exigen muy poca inversión de energía, habilidades y concentración, son fórmulas sencillas de pasar el tiempo libre. Las actividades de ocio activo, a pesar de ser mucho más gratificantes y enriquecedoras, demandan esfuerzo, energía y la puesta en marcha de habilidades.

El ocio no está estructurado y requiere un esfuerzo mayor para convertirse en algo que pueda disfrutarse. La clave para aprender a disfrutar del tiempo de ocio es encontrar actividades que demanden la puesta en práctica de nuestras habilidades, que nos obliguen a aceptar desafíos y a avanzar hasta alcanzarlos. Busca una actividad que te resulte reconfortante y establece un compromiso de dedicación. Al principio puede resultar costoso, pues requiere un esfuerzo inicial, pero, una vez que hayas entrado en el juego, verás cómo te resulta divertido, estimulante y nada pesado. Recuerda que el ocio activo no es exclusivamente aquel que demanda actividad física. Leer, resolver crucigramas, construir maquetas, pintar, hacer punto de cruz... son actividades de ocio activo que te ayudarán a crecer y a desarrollar todo tu potencial personal.

OPTIMISMO

Silvia acaba de salir de su primer examen de la oposición que lleva meses preparando. Le ha salido peor de lo que esperaba. En las próximas horas se torturará pensando que no vale para estudiar, que es un desastre y una inútil, que todo le sale mal y que no tiene sentido seguir estudiando para nada. Rosa también ha estado ese mismo día haciendo el examen y también ha salido muy descontenta. Sin embargo, ella se dirá a sí misma que el examen era especialmente difícil, que no se había esforzado demasiado en estudiarlo, así que lo hará con más tesón la próxima vez.

Silvia y Rosa han vivido una situación muy parecida; sin embargo, se han enfrentado a ella de maneras muy diferentes. Silvia tiene un estilo explicativo pesimista, piensa que la causa de sus problemas es interna y personal, es decir, provocada por ella misma, cree que los malos momentos durarán siempre y que aquello que los causa es permanente. Da explicaciones globales a sus errores, lo que le lleva a abandonarlo todo cuando falla en algo puntual. Rosa, en cambio, tiene un estilo explicativo optimista, interpreta sus contratiempos como provocados por circunstancias externas y, por tanto, superables. Está convencida de que los malos momentos son pasajeros y temporales, y da explicaciones específicas a sus errores, por lo que, aunque pueda sentirse indefensa en una parte de su vida, se mantiene firme en el resto.

En general, ante cualquier problema o situación difícil, Silvia pensará: «Durará para siempre, lo va a socavar todo y es culpa mía, no hay nada que hacer»; Rosa, en cambio, se dirá: «Ya pasará, no tiene por qué afectar a mi vida, no ha sido culpa mía, puedo manejarlo». La vida provoca los mismos percances y adversidades a los optimistas y a los pesimistas, la diferencia es que los optimistas tienen la capacidad de afrontarlos mejor. El optimista se rehace de su derrota y continúa luchando, mientras que el pesimista se desmorona, se rinde, e incluso puede terminar cayendo en la depresión.

El estilo explicativo hace referencia a las diferentes formas que tenemos las personas de afrontar las situaciones que nos han ocurrido, es decir, es la manera como nos explicamos a nosotros mismos las cosas que nos van sucediendo en la vida.

Aunque los factores hereditarios y de desarrollo en la infancia tienen un peso importante en el estilo explicativo, hoy sabemos que es posible enseñar a una persona a modificarlo. El estilo explicativo optimista puede ser una característica muy beneficiosa, pues está relacionada con el buen humor, la perseverancia, el éxito e incluso con la salud física. Las personas con estilos explicativos optimistas tienen mejor salud general, menos enfermedades, mejor funcionamiento del sistema inmunológico y una menor tasa de mortalidad.

El pesimismo y el optimismo no son elementos incompatibles. Todos nosotros hemos experimentado alguna vez ambos estados; las personas fluctuamos en nuestros sentimientos, aunque nuestra personalidad nos llevará siempre hacia un extremo u otro. En realidad, no se trata de ser siempre optimista, de manera incondicional y en todas las situaciones y contextos: el pesimismo también es necesario y adaptativo. La clave está en encontrar un equilibrio emocional que nos permita saber en qué situaciones hacer uso del impulso del optimismo y en qué otras utilizar el freno del pesimismo.

Podemos aprender a elegir el optimismo la mayoría de las veces, pero sin dejar de lado al pesimismo cuando sea necesario. Esta actitud es la que se conoce como *optimismo flexible* o *inteligente*. Un controlador aéreo que debe decidir si obliga a aterrizar a un avión en medio de una tormenta tendrá que adoptar un pensamiento pesimista, pues asumir el riesgo puede conllevar consecuencias nefastas. Un creativo publicitario que debe diseñar una campaña para una gran firma de moda debe adoptar un pensamiento optimista que le ayude a desarrollar sus ideas y a dejar manar toda su creatividad.

A menudo tenemos la sensación de que ser optimista es algo así como negar la realidad, ponerse unas bonitas gafas de color rosa que nos hacen ver el mundo bastante mejor de lo que es y no enfrentarnos a los problemas y a las dificultades de la vida. Los optimistas serían personas ingenuas que viven de ilusiones. Los pesimistas, en cambio, serían esas personas que tienen el valor de quitarse las gafas y enfrentarse a la realidad tal como es. Esta creencia es errónea. ¿Realmente existe una forma objetiva de entender la realidad? La psicología nos ha enseñado que las distorsiones cognitivas son la base de nuestro pensamiento; lo que consideramos real no es más que lo que nosotros percibimos como tal. Tanto el pesimista como el optimista viven envueltos en sus ilusiones, uno no es más lúcido que el otro ni está más cercano a la realidad. La realidad, al fin y al cabo, está siempre velada por el cristal de unas gafas de las que no podemos desprendernos, están pegadas a nuestros ojos y nadie es capaz de quitárselas. Las gafas rosas del optimismo distorsionan la realidad, sí, pero de igual manera que lo hacen las gafas negras del pesimismo. El filtro del pesimismo afea la realidad, y el del optimismo la embellece.

Las personas podemos aprender a ser más optimistas y de esta manera adoptar una actitud positiva en situaciones de la vida que así lo requieran. La base principal de la terapia que propone el psicólogo Martin Seligman para modificar el estilo explicativo se centra en ayudar a las personas a rebatir sus pensamientos pesimistas. La técnica es sencilla, pero requiere práctica, esfuerzo y paciencia. En inglés se llama ABCDE, por los cinco pasos que la componen: *Adversity, Beliefs, Consequences, Disputation* y *Energization*. Podemos emplear esta técnica en cualquier momento en el que detectemos un pensamiento negativo que parece poco realista o exagerado. La clave para rebatir nuestros pensamientos pesimistas consiste, en primer lugar, en detectar el pensamiento, y, una vez detectado, rebatirlo, tratándolo como si perteneciera a otra persona y tuviéramos que convencerla de que no tiene razón.

1. **Adversidad.** Describe el error, fracaso o adversidad que ha desencadenado tu pesimismo.
2. **Creencias.** Toma nota de las creencias que esta situación desencadena.
3. **Consecuencias.** Observa las consecuencias de estas creencias.
4. **Rebatimiento.** Discute contigo mismo. Rebate con creatividad y firmeza tus propias creencias. Encuentra pruebas que pongan de manifiesto las distorsiones de tus explicaciones catastróficas. Analiza las causas que pueden haber contribuido al fracaso, centrándote en las que son modificables, concretas y no personales. Genera pensamientos alternativos.
5. **Revitalización.** Toma conciencia de la energía que esta discusión interna ha liberado.

El modelo de Seligman permite establecer un diálogo interno que nos ayuda a eliminar los pensamientos pesimistas a través del cuestionamiento de nuestras propias creencias. Con un ejercicio constante de estos cinco pasos, nuestro «músculo del optimismo» se fortalece, y aprendemos a detectar y analizar nuestras creencias pesimistas con naturalidad y eficacia. Como bien afirma Seligman: «Las personas pueden dividirse en dos grupos: las que llevan escrito un "sí" y las que llevan un "no" grabado en su interior. Por fortuna, parece que es posible enseñar a las personas a reescribir su interior».

Reinterpreta tus rutinas...

Es muy frecuente que nosotros mismos, con un estilo de pensamiento pesimista y negativo, nos provoquemos estados de insatisfacción e, incluso, de depresión. Nuestro día a día cotidiano está repleto de tareas y actividades que debemos realizar, muchas veces por obligación. A todo lo que vivimos o hacemos, podemos contestar con un «sí» o con un «no». Cuando nuestra respuesta es «sí», interpretamos un acontecimiento de forma optimista; cuando contestamos «no», interpretamos un acontecimiento de forma pesimista, sin sentido, como una pérdida de tiempo.

Lo cierto es que la mayoría de nosotros tendemos a interpretar las obligaciones de un modo pesimista. El siguiente ejercicio pretende enseñarte a interpretar esas obligaciones de un modo optimista. Toma papel y lápiz. Elige una tarea rutinaria cuya realización despierte en ti sentimientos negativos (poner la lavadora, pasar la aspiradora, hacer gestiones, ir a la compra, preparar la comida...) y descríbela desde dos perspectivas: como una obligación desagradable y como una experiencia positiva. Te darás cuenta de que, simplemente reinterpretando tus actividades rutinarias de un modo nuevo y positivo, la alegría y la felicidad entrarán en tu vida.

ORGULLO

«¡Lástima que el Amor un diccionario / no tenga donde hallar / cuándo el orgullo es simplemente orgullo y cuándo es dignidad!». Estos versos del gran poeta sevillano Gustavo Adolfo Becquer reflejan muy bien el doble sentido que podemos otorgar al orgullo. Por un lado, el orgullo puede ser considerado como un sentimiento digno y valioso, nacido de la satisfacción personal que se experimenta cuando se alcanza un logro personal (o lo alcanza una tercera persona con la que uno se siente vinculado). Por otro, el orgullo puede ser también sinónimo de soberbia, narcisismo y vanidad, de exceso de estimación propia. En psicología, estas dos caras del orgullo reciben el nombre de *orgullo auténtico* y *orgullo arrogante*.

Mientras que el llamado orgullo auténtico está basado en logros reales, el orgullo arrogante carece de fundamento sustancial. Sin embargo, el principal problema, como ya intuía Becquer, es que nadie es capaz de diferenciarlos desde el exterior, pues la expresión de orgullo, sea cual fuere su origen, es siempre la misma. Algunas veces el contexto y las circunstancias nos ayudan a determinar cuál de las dos caras del orgullo nos está enseñando una persona. Parece claro que un atleta que acaba de ganar una medalla de oro en los juegos olímpicos tiene motivos para sentirse orgulloso y demostrarlo con creces, pero también los tiene, por qué no, el que llegó el último a la meta si para él ha sido una buena carrera, ha mejorado su marca o simplemente se ha sentido cómodo en la pista. Las circunstancias objetivas externas no siempre nos permiten decidir si una actitud orgullosa es una virtud o un defecto. Si no es la situación, quizá sea la cantidad de orgullo que mostremos lo que determine su valencia positiva o negativa. Para algunas personas, el orgullo es sano cuando se muestra con moderación y deja de serlo cuando se exagera y se convierte en arrogancia, exceso de vanidad o creencias megalómanas de superioridad. Sentirse orgulloso de uno mismo es positivo, pero el exceso de orgullo acaba por cegar a las personas. Por último, también es posible establecer la diferencia entre el orgullo como un rasgo de la personalidad —«ser orgulloso»— o como un estado pasajero —«sentirse orgulloso»— por algo en concreto. Las personas orgullosas defienden sus ideas por encima de la razón y la justicia, se creen superiores a los demás y carecen de la humildad necesaria para reconocer un error o pedir perdón. Sea como fuere, y al igual que ocurre con otros rasgos de la psicología humana, no resulta nada fácil delimitar la frontera que separa lo positivo de lo negativo en lo que al orgullo se refiere.

El orgullo ha sido una emoción bastante olvidada por la psicología tradicional, seguramente por esa ambigua doble vertiente que lo caracteriza. En la actualidad, sin embargo, los expertos consideran el orgullo como una emoción social fundamental que posee importantes efectos sobre las personas y su entorno. El orgullo es una emoción que refleja cómo uno se siente en relación consigo mismo y tiene un importante componente social. El orgullo es, además, una emoción universal que se experimenta a todas las edades (los niños experimentan orgullo por primera vez alrededor de los 2 años y medio, y son capaces de reconocerlo como tal a los 4 años) y en todas las culturas de manera muy semejante. Se comprobó, por ejemplo, que las expresiones de orgullo de un grupo de yudocas de más de treinta países diferentes tras vencer en una competición de los Juegos Olímpicos y Paraolímpicos del año 2004 eran muy parecidas, incluso entre aquellos deportistas que eran ciegos de nacimiento, lo que muestra que se trata de una expresión innata.

Es perfectamente natural y saludable sentir orgullo ante una tarea bien hecha o un objetivo alcanzado. Gracias al orgullo, nuestra autoestima se fortalece, aumenta nuestra capacidad de perseverar y luchar por aquello que queremos e, incluso, se potencian el sentido de la justicia social y las conductas altruistas.

P

PASIÓN

Desde el principio de los tiempos, los seres humanos han vivido enfrentados a una intestina lucha entre dos fuerzas internas enormemente poderosas: la razón y la pasión. Parece como si nuestra propia naturaleza nos obligara a estar siempre divididos, teniendo que decidir entre una y otra a cada paso que damos y en cada decisión que tomamos. Ocurre, además, que, también desde muy antiguo, los hombres dieron a cada contrincante una valoración desigual: en la batalla entre la razón y la pasión, esta última no ha salido nunca demasiado bien parada.

Así, decimos que la pasión ciega, enloquece y esclaviza a quien la sufre. Contamos con un amplísimo vocabulario de expresiones destinadas a remarcar los efectos negativos de las pasiones y la conclusión a la que llegamos la mayoría de las veces es que la pasión enturbia nuestro entendimiento y, por tanto, para tomar buenas decisiones y triunfar en la vida, debemos contenerla y someterla a los dictados de la razón, que es más seria, eficaz e inteligente. La pasión está estrechamente vinculada a las emociones y tradicionalmente se ha asumido que éstas no eran buenas consejeras. Sin embargo, desde hace varias décadas, los psicólogos han comprendido la importancia vital de la inteligencia emocional. Las emociones tienen un papel crucial en el funcionamiento de las personas, y son precisamente quienes las saben entender y manejar las que más felices son y más éxito cosechan. Las decisiones deben tomarse con la cabeza, sí, pero también con el corazón. No hay que dejar a un lado las pasiones, sino aprender a manejarlas. Una vez más, como suele ocurrir en todo lo relativo al ser humano, la clave está en el equilibrio. En lugar de subordinar la pasión a la razón, o la razón a la pasión, debemos tratar de encontrar la perfecta combinación entre ambas fuerzas. Nuestro cerebro pasional y nuestro cerebro racional deben aprender a convivir en armonía.

La mayoría de las personas, cuando utiliza el término pasión, lo hace refiriéndose al amor de pareja en general, y al sexo en particular. Es cierto que la pasión es un componente fundamental del enamoramiento, pero también forma parte de otras muchas situaciones de en vida: un *hobbie*, una profesión, una causa, un juego... Las personas sentimos pasión por una persona, pero también por una actividad e incluso por la vida misma. Y es la fuerza de la pasión la que nos lleva a luchar por nuestros sueños, a vivir intensamente cada día y a disfrutar de la belleza de todo lo que nos rodea.

Resulta difícil imaginar una vida sin pasión. Si elimináramos la pasión, perderíamos una parte indispensable de nosotros mismos. Hace varios años, los neuropsicólogos encontraron en el cerebro humano el contenedor de la pasión. Se trata de un pequeño órgano en forma de almendra, alojado en la parte más antigua y primitiva de nuestro cerebro (el tallo encefálico), al que dieron el nombre de *amígdala*. Cuando, por razones médicas, se ha tenido que extirpar la amígdala a una persona, se ha podido comprobar precisamente cómo sería una vida sin pasión: a la persona intervenida dejan de importarle los demás, rechaza cualquier tipo de contacto humano y se muestra incapaz de sentir afecto o empatía por nadie, ni siquiera por sus familiares más cercanos. La vida de una persona que carece de cerebro pasional se vuelve completamente hueca y sin sentido. No solo eso, la falta de amígdala también elimina otras emociones indispensables, como el miedo o la rabia e, incluso, la capacidad de llorar.

La investigación neurocientífica ha arrojado también un dato sorprendente. Incluso las decisiones en apariencia más racionales están también mediadas por las pasiones. Cuando una persona pierde la conexión que une la amígdala con el córtex prefrontal (que es la parte del cerebro encargada de la racionalidad), su capacidad para tomar decisiones se deteriora considerablemente. A pesar de que su cerebro racional se mantiene perfectamente sano, estas personas han perdido el acceso a su cerebro emocional y, con él, su capacidad de actuar de forma sensata. La ciencia cerebral nos ha enseñado que las pasiones resultan indispensables para la toma racional de decisiones y que nuestro cerebro pasional está tan implicado en el razonamiento como lo está nuestro cerebro racional.

PERSEVERANCIA

Dos pequeños ratoncitos cayeron por accidente en un cubo de nata. Los dos empezaron a patalear tratando de mantenerse a flote. Uno de ellos no tardó en desilusionarse, cansado y sin esperanzas, sintiendo que ya no había nada más que él pudiera hacer para salir de allí, se rindió, dejó de patalear y no tardó en hundirse. El otro, en cambio, no cejó en su empeño, siguió pataleando sin descanso durante mucho tiempo, hasta que de tanto patalear acabó convirtiendo la nata en mantequilla y pudo abandonar el cubo de un salto. Estos dos ratoncitos reflejan dos formas diferentes de afrontar los problemas: rendirse o perseverar.

La perseverancia es la capacidad que tenemos las personas para alcanzar las metas que nos proponemos, superando los obstáculos y encontrando soluciones a las dificultades que van surgiendo por el camino. La fuerza de voluntad, la constancia, la paciencia y la lucha sin cuartel son los ingredientes de esta receta que ha llevado a tantas personas aguerridas hasta la victoria. Perseverar es no darse nunca por vencido, no caer en el desaliento y continuar intentándolo sean cuales fueren las circunstancias.

Todas las personas tenemos sueños, metas por alcanzar y objetivos por cumplir, pero no siempre logramos llevarlos a cabo. Una de las principales causas de este fracaso es, precisamente, la falta de perseverancia. Hay personas muy impacientes que lo quieren todo al instante y que, en cuanto surgen problemas o contratiempos, abandonan su empeño. Cuando nos rendimos ante un obstáculo difícil, tiramos la toalla ante la primera adversidad o nos dejamos llevar por lo que es más cómodo y fácil, estamos perdidos. La perseverancia es un esfuerzo continuo, levantarse una y otra vez tras la caída, dejar de lado la impaciencia y concentrarse en alcanzar la meta con constancia e insistencia. Resulta difícil creer que una insignificante gota de agua pueda perforar la roca y, sin embargo, lo hace. No es su fuerza la que le otorga ese poder, poco puede hacer el agua frente al material duro de la roca, sino su constancia, la perseverancia de miles y miles de pequeñas gotas que golpean una y otra vez, durante siglos, la roca.

Siempre que iniciamos un nuevo proyecto, lo hacemos ilusionados, llenos de sueños y esperanza. Es frecuente, sin embargo, que el paso del tiempo y las dificultades vayan apagando esa llama y que, antes o después, terminemos por tirar la toalla. La pieza clave para no hacerlo es la perseverancia y no impacientarse cuando los resultados no son inmediatos, confiar en uno mismo, tomar conciencia de nuestra responsabilidad ante aquello que hemos emprendido y no dejar de persistir hasta el final, aunque las cosas se pongan difíciles. Eso sí, como sucede con la mayoría de las virtudes humanas, la perseverancia debe utilizarse con sensatez y sin llevarla al extremo, si no queremos que roce el límite de la pesadez y la cabezonería.

El decálogo de la perseverancia

«Hay una fuerza motriz más poderosa que el vapor, la electricidad y la energía atómica: la voluntad.» (Albert Einstein)

1. Conócete a ti mismo. Toma conciencia de tus fortalezas y tus debilidades.
2. Comprométete en serio con tu objetivo.
3. Divide tu objetivo en pequeñas metas sucesivas, en lugar de querer conseguirlo todo de una sola vez.
4. Ten confianza en ti y en tus capacidades. Si no te crees capaz de lograr algo definitivamente, nunca lo lograrás.
5. Prevé los obstáculos, anticípate a ellos en la medida en que puedas y, si llegan, enfréntate a ellos con valor, determinación y sin miedo.

6. No te rindas ante los fracasos. Aprende de tus fallos, saca siempre aquello que de positivo hay en la caída.
7. Cuando te angusties con el esfuerzo del presente, piensa en la recompensa que llegará en el futuro.
8. Inyecta pasión y entusiasmo a todo lo que hagas.
9. No confundas perseverancia con cabezonería.
10. Y pase lo que pase... no dejes de batir la nata bajo tus pies.

PLACER

¿Hay algo más placentero que sentarse en pijama delante del televisor a ver una buena película romántica con una gran tarrina de helado de chocolate en una mano y una cuchara en la otra? Por debajo de toda esa aburrida rutina diaria que nos envuelve, disfrutar de pequeños momentos de placer aumenta considerablemente nuestra satisfacción con la vida. En el siglo IV a. C., el filósofo griego Epicuro determinó que el centro de la vida humana es el placer y que todo cuanto el hombre hace está orientado a obtenerlo. Su teoría, que recibió el nombre de *hedonismo*, ha sido utilizada durante muchos siglos para explicar la felicidad humana. De acuerdo con las teorías hedonistas, la felicidad es igual a la acumulación de placeres o buenos momentos que vivimos las personas. Podríamos establecer, así, una fórmula matemática según la cual la felicidad sería el resultado de restar los malos de los buenos momentos: teniendo muchos momentos de placer y pocos de sufrimiento, las personas somos felices.

Lo cierto es que la teoría de Epicuro no parece muy alejada

de lo que nos dice el sentido común. ¿Acaso no es el placer algo agradable y positivo? ¿No resulta lógico, entonces, que las personas busquen experiencias placenteras? Sergio puede elegir entre dos posibilidades bien diferentes para pasar el verano: disfrutar de una semana de descanso en una maravillosa isla caribeña o ayudar a construir una escuela en una pequeña aldea africana. En la isla caribeña, Sergio se alojará en un lujoso hotel y llevará una pulsera en su muñeca que le dará libre acceso a todas las comodidades y placeres que pueda imaginar. Su mayor preocupación será decidir si prefiere ir a la playa o a la piscina. En la aldea africana, Sergio tendrá problemas para ducharse, deberá dormir en el suelo debajo de una mosquitera, los alimentos serán escasos y además tendrá que trabajar duro desde primeras horas de la mañana. Siguiendo un enfoque hedonista, Sergio debería elegir, sin ninguna duda, la primera opción de vacaciones, que le proporcionará numerosos placeres y le hará, por tanto, mucho más feliz que la segunda. Los estudios nos han mostrado, sin embargo, que sucede exactamente lo contrario: las personas encontramos más felicidad en las conductas altruistas que en la búsqueda del propio placer. Pasar una semana tirado al sol en una playa es placentero y, sin ninguna duda, nos hará sentir felices. Dedicar una semana a construir una escuela para niños no es placentero, pero sí altamente gratificante, y la felicidad que nos aporta, considerablemente mayor. Este tipo de descubrimientos ha llevado a que, en la actualidad, la mayoría de los expertos esté de acuerdo en que la teoría hedonista ofrece una visión demasiado simple de la realidad humana, por lo que es necesario buscar enfoques alternativos, teorías que entiendan el comportamiento humano de una forma más profunda y compleja.

El psicólogo Martin Seligman también rechaza la base hedonista de la felicidad y asegura que la acumulación de placeres no conduce a la felicidad auténtica y duradera; para lograrla, debemos ir más allá del placer y centrarnos en las gratificaciones. Los placeres tienen un componente sensorial y emocional, son efímeros e implican muy poco o nulo pensamiento. Son estados pasajeros, acontecimientos momentáneos que llegan a través de los sentidos y las emociones: una buena comida, un masaje relajante, una relación sexual satisfactoria... Es relativamente sencillo habituarse a los placeres, de manera que terminan perdiendo parte de su interés. Las gratificaciones, en cambio, no son sentimientos, sino actividades que nos gusta mucho realizar y que nos involucran por completo, de forma que quedamos inmersos y absortos en ellas. El tiempo se detiene para nosotros, nuestras habilidades están a la altura de las circunstancias y nos hallamos en contacto con nuestras fortalezas: disfrutar de una conversación, escalar montañas, leer un buen libro, bailar, jugar al ajedrez... Las gratificaciones no son estados momentáneos, sino duraderos. Duran más que los placeres, implican más pensamientos e interpretación, y no se convierten fácilmente en un hábito. Las gratificaciones apelan a las fortalezas y virtudes de cada uno y exigen dar la talla para afrontar retos y alcanzar objetivos, mientras que la sensación de placer es una respuesta automática a necesidades biológicas del cuerpo. El placer es un componente importante en la vida, pero por sí solo no nos proporciona la felicidad duradera, ni produce crecimiento psicológico.

Experimentar placer es positivo; una tarde frente al televisor comiendo helado de chocolate no tiene precio. Sin embargo, basar una vida exclusivamente en estos momentos pasajeros y momentáneos de placer no nos aporta demasiado, las personas necesitamos más. Muchas veces soñamos con una vida llena de placeres, creyendo que, si lográramos tener todo tipo de comodidades y lujos, seríamos automáticamente felices. No obstante, centrar nuestros esfuerzos en obtener gratificaciones, en involucrarnos en actividades interesantes y que enriquezcan nuestra personalidad es una inversión bastante más valiosa para nuestro bienestar que dedicar nuestra vida a acumular momentos de placer.

PROPÓSITOS

Con cada nuevo año que comienza llegan también los buenos propósitos: «quiero bajar de peso», «me voy a apuntar a un gimnasio», «por fin dejaré de fumar», «quiero pasar más tiempo con mi familia»... Las personas solemos aprovechar los momentos de transición, especialmente los cambios en el calendario, para revisar nuestros hábitos cotidianos y tratar de mejorar aquello con lo que no estamos satisfechos. Proponerse un cambio en la vida es un paso importante, pero hacer ese cambio realidad, cumplir los buenos propósitos, suele resultarnos extremadamente difícil. Muchos de nosotros dedicamos los primeros minutos del año a decidir cuáles van a ser esos cambios que vamos a llevar a cabo durante los próximos doce meses que tenemos por delante y prometemos hacer todo lo posible por realizarlos. Lamentablemente, una gran parte de esos buenos propósitos son efímeros y se esfuman a los pocos días o semanas. Año tras año, aseguramos que éste será el definitivo, aquel en el que, con toda seguridad, cumpliremos con nuestra lista de cosas por cambiar, por mejorar, por emprender... pero irremediablemente todos nuestros buenos propósitos acaban por caer en saco roto.

¿Por qué nos cuesta tanto cumplir nuestros buenos propósitos? Solemos empezar con ánimo, pero, pasado el primer momento de euforia, empezamos a flaquear. Es cierto que nos falta voluntad para cambiar, pero no todo es culpa de la voluntad: en muchas ocasiones los problemas surgen porque los propósitos han sido mal planteados desde el principio y no se ha sabido dar con la manera adecuada de formularlos y afrontarlos. Resulta interesante y sorprendente descubrir que los buenos propósitos son prácticamente universales: dejar de fumar, hacer ejercicio de manera regular, comer sana y equilibradamente, adelgazar, buscar tiempo para ir al gimnasio, colaborar en causas sociales, dedicar más tiempo a la familia, estudiar y aprender algo útil, tratar mejor a la pareja y ayudarla cuando lo necesite, ahorrar un poco de dinero... y el hecho de que se repitan una y otra vez indica cuán frágiles y efímeros son.

En general, cuando las personas definimos aquello que queremos cambiar o mejorar en nuestra vida, cometemos dos errores importantes:

• **Tendemos a escoger propósitos muy generales e inespecíficos.** El primer paso para plantearnos un propósito por cumplir es definirlo muy bien, concretarlo. Por ejemplo, uno de los buenos propósitos más comunes es dejar de fumar. Sin embargo, una persona que fuma un paquete al día comete un error si formula su propósito como: «A partir del 1 de enero dejaré de fumar». Esta idea, ya desde su planteamiento, parece imposible de cumplir. Un planteamiento mucho más correcto y positivo sería: «Durante cada mes del próximo año, voy a ir disminuyendo la cantidad de cigarrillos que fumaré».

• **Tenemos expectativas poco razonables y escogemos propósitos inalcanzables desde su inicio.** Por ejemplo, «este año encontraré el amor verdadero» es un propósito que no depende plenamente de uno mismo. No debemos proponernos cosas que no esté en nuestra mano cumplir.

El secreto para cumplir los buenos propósitos no es trabajar obsesivamente en ellos durante los primeros días, sino realizarlos poco a poco y de forma regular. No es posible cambiar nuestro comportamiento de forma radical, de un día para otro; debemos ir progresivamente, manteniéndonos firmes y constantes. Recuerda que siempre es difícil cambiar la manera de actuar, es un proceso lento que requiere tiempo, sacrificio y compromiso. Si realmente quieres cumplir tus buenos propósitos, sé constante y firme en tus decisiones, y no te des por vencido aunque tengas recaídas.

Cumple tus buenos propósito...

A continuación te proponemos once claves para que a partir de hoy puedas, por fin, cumplir tus buenos propósitos:

1. **Concentra tus esfuerzos en un solo objetivo.** Puedes hacer una lista con varios propósitos, pero recuerda que puedes acabar dispersándote, por lo que lo mejor es abordar un solo propósito, aquél que realmente quieres lograr.

2. **Proponte algo muy concreto y específico.** «Ser mejor persona, ser mejor estudiante, comer sano»... son propósitos muy vagos y generales que difícilmente llegaremos a ver cumplidos, pues no nos dejan claros los pasos intermedios para alcanzarlos. Objetivos como «expresar más

gratitud hacia los demás», «mejorar mis notas en matemáticas» o «comer cinco piezas de frutas y verduras al día» son objetivos concretos que permiten elaborar planes de acción.

3. **Divídelo en pasos pequeños y fáciles de lograr.** Las pequeñas cosas, pequeños cambios o retos son siempre más sencillos de alcanzar que si abordamos el problema de forma global. Conseguir cada paso será un aliciente para continuar el trabajo hasta llegar a la meta final.

4. **Anota los pasos en un papel de forma clara y ordenada.** Con el paso del tiempo, uno suele olvidar los detalles de las promesas. Sé ingenioso para recordarte el objetivo que persigues. Puedes utilizar notas pegadas al espejo o en la puerta de la nevera, alertas en el móvil, una hoja de Excel...

5. **Establece un plan de acción concreto y eficaz.** Tienes que prever todas las dificultades, sorpresas, problemas y obstáculos que puedan surgir en el camino y estar preparado para solucionarlos.

6. **Visualízate, trata de verte a ti mismo como a alguien que, por fin, ha conseguido su propósito.** Dedica cada día unos minutos a imaginarte logrando tu objetivo. Desborda tu imaginación, como si vieras una película en la que tú eres el protagonista.

7. **Adopta la actitud positiva.** Date ánimos y felicítate por ser constante y por todos los esfuerzos que realizas para conseguir tu propósito. No pierdas nunca la esperanza y mantente optimista hacia el futuro.

8. **Comparte tu objetivo con personas cercanas, familiares o amigos.** Ellos te brindarán ánimo y apoyo. Pide que te ayuden a perseverar hasta lograr el éxito. Cuantas

más personas tengas a tu alrededor, mayores serán tus probabilidades de éxito.

9. **Evalúa los resultados que vayas obteniendo.** Ayuda muchísimo comprobar cómo cada día estás más cerca del propósito marcado. Superar pequeños retos irá aumentando tu autoconfianza.

10. **Prepárate para aceptar las recaídas.** Es normal que aparezca un regreso momentáneo al comportamiento que estás tratando de cambiar. Cuando esto ocurra, en lugar de darlo todo por perdido, acepta lo sucedido y sigue avanzando hacia delante.

11. **Elimina de tu vocabulario la expresión «no puedo».** Solo si crees que es posible cambiar, lograrás hacerlo. Si desde el principio piensas en las dificultades, seguramente fracasarás en tu intento.

R

RECUERDOS

El pasado juega un importante papel en nuestra vida, y la única fuente de la que bebe es la de la memoria: aquello que sentimos con relación al pasado depende exclusivamente de nuestros recuerdos. Lo que recordamos, positivo o negativo, influye sobre el presente que vivimos, de manera que los buenos recuerdos del pasado aumentan nuestra satisfacción presente con la vida y los malos recuerdos, la disminuyen. Al activar los recuerdos positivos, generamos un estado de ánimo positivo inmediato.

Los olores, los sabores, los sonidos, las sensaciones táctiles y, por supuesto, las imágenes no se imprimen en la memoria de manera aislada, sino asociadas inseparablemente a las emociones específicas que nos despiertan. Cada vez que traemos a la memoria ese olor, ese sabor, ese sonido, esa sensación táctil o esa imagen, viaja con ellos la emoción asociada. Así, cuando evoquemos un buen recuerdo, las emociones positivas aparecerán al mismo tiempo, mientras que, si evocamos un recuerdo desagradable, nos veremos invadidos también por emociones desagradables.

La investigación ha demostrado, además, que mediante

el recuerdo de sucesos agradables no solo se estimulan nuestras emociones positivas, sino que también se modifica de manera favorable nuestra memoria autobiográfica, que almacena episodios específicos del pasado, como si se tratara de un diario, y que influye en la identidad de las personas y en su experiencia emocional. Todos sabemos que el pasado no puede modificarse, nada de lo que ocurre tiene vuelta atrás. Pero, a través del recuerdo intencionado de buenos recuerdos, las personas tenemos la grandísima oportunidad de reescribir nuestro pasado y construir una memoria autobiográfica positiva.

Nuestra memoria funciona de manera curiosa. Los recuerdos intelectuales se pierden rápidamente: ¿cuántas fechas históricas, nombres de reyes, títulos de obras literarias que aprendiste a lo largo de tus años de escuela y universidad has ido perdiendo por el camino? Por el contrario, los recuerdos emocionales se graban en la memoria con mayor intensidad y perduran durante mucho más tiempo. Echa la cuenta, por ejemplo, de la cantidad de letras de canciones que has ido memorizando a lo largo de tu vida, seguro que incluso eres capaz de recordar a la perfección varias de tu infancia, aunque haga años que nos las entones. Esto sucede así porque la memoria almacena con más facilidad los datos cuando éstos incluyen una carga afectiva, de manera que los acontecimientos de nuestra vida que mejor recordamos son aquellos que, agradables o desagradables, más nos han marcado, frente a otros cotidianos y rutinarios que van cayendo en el saco del olvido.

Resulta curioso, también, que, de la misma manera que el tipo de recuerdos que se activan influye en el estado de ánimo, el estado de ánimo influye también en el tipo de recuerdos que se activan, es decir, que, cuando una persona se siente triste, tiende a recordar más sucesos negativos y, cuando está alegre, recuerda más sucesos positivos. Se crea, así, una espiral de emociones por la cual una persona que recuerde sucesos positivos del pasado experimentará emociones positivas en el presente y este estado de ánimo positivo, en consonancia con el recuerdo, facilitará a su vez que siga recuperando recuerdos positivos. Por desgracia, la misma espiral se creará en el caso de los recuerdos negativos, aunque en este caso los esfuerzos deben ir destinados a romperla para sacar a la persona del círculo vicioso de la negatividad.

La época que genera recuerdos por excelencia es la infancia. Durante esta etapa de la vida se almacenan algunos de los recuerdos más intensos que tenemos las personas y que no olvidamos jamás, aunque pase mucho tiempo. Los encargados de crear muchos de estos recuerdos infantiles son los padres, que tienen entre sus manos una enorme responsabilidad: ayudar a sus hijos a atesorar experiencias positivas que puedan no solo disfrutar en el presente, sino también recordar en el futuro.

Decíamos al comienzo que el pasado influye decisivamente en el presente, pero esta influencia también opera en sentido contrario, ya que los buenos recuerdos sobre el pasado se crean en el presente: lo que hoy vives será lo que recuerdes mañana. Por tanto, dedicar tiempo a crear buenos recuerdos con las personas que tenemos cerca, nuestros hijos, nuestra pareja, nuestros amigos, hará que el pasado sea digno de recordar cuando el futuro se convierta en presente.

Transpórtate al pasado...

Recordar situaciones positivas del pasado y viajar en la máquina del tiempo para volver a disfrutar de los buenos momentos que has vivido resultará extremadamente beneficioso para tu estado de ánimo y te ayudará a elevarlo en momentos en los que lo sientas por los suelos.

Comienza confeccionando una lista de recuerdos positivos. A continuación, elige uno de esos recuerdos y prepárate para transportarte hasta él. Para ello, debes sentarte en una posición cómoda. Cierra los ojos, haz varias inspiraciones profundas y ve relajando tu cuerpo y tu mente mientras comienzas a traer a tu memoria imágenes relacionadas con el recuerdo en cuestión. Deja que las imágenes fluyan libres y utiliza la memoria para ir recuperando todos los detalles del recuerdo. Si repites esta evocación positiva un par de veces al día durante una semana, comenzarás a notar sus efectos en tu estado de ánimo.

RELAJACIÓN

Vivimos en una sociedad altamente estresante, el reloj avanza siempre en nuestra contra, nos pasamos la vida corriendo de un lado para otro, con la angustiosa sensación de que no acabaremos a tiempo lo que debemos hacer y sin apenas ocasiones para tomarnos un descanso. El ajetreo del día a día va acumulando sobre nuestro organismo una enorme cantidad de estrés que nos lleva, en muchas ocasiones, a explotar, bien mentalmente, en forma de ataques de ansiedad, depresiones o crisis nerviosas, bien físicamente, en forma de múltiples enfermedades, desde cardíacas hasta digestivas. Aunque la mayoría de las veces el cuerpo nos manda señales de aviso, solemos pasarlas por alto y, solo cuando se quiebra, nos damos cuenta de hasta dónde hemos llegado. La mejor forma de prevenir estos batacazos y de mantener el equilibrio y la paz interior es a través de la relajación.

La relajación es un estado mental de paz, tranquilidad y armonía que se busca de forma voluntaria y que viene acompañado de un estado del cuerpo en el que los músculos se encuentran completamente en reposo, sin ninguna tensión. La relajación ayuda a establecer en el organismo una sensación de paz y tranquilidad, a la vez que disminuye los síntomas de estrés y ansiedad.

A lo largo de décadas de estudios, la ciencia ha demostrado que practicar la relajación genera numerosos cambios positivos en nuestro organismo: reduce la tensión arterial, disminuye el ritmo cardíaco, aumenta la vasodilatación general y el nivel de oxígeno en las células, controla la secreción de noradrenalina y de adrenalina de las glándulas suprarrenales, rebaja los niveles de colesterol en sangre... La práctica continuada de la relajación ha resultado beneficiosa para aliviar estados de nerviosismo, ansiedad, estrés y trastornos del sueño, así como para curar problemas digestivos, dolores de cabeza o hipertensión.

Para practicar la relajación, escoge una habitación confortable, silenciosa y con luz tenue, en la que no exista la posibilidad de que seas molestado o interrumpido. Mantén una temperatura moderada, ni excesivamente alta ni demasiado baja. Apaga tu teléfono móvil y desconecta cualquier aparato electrónico que pueda distraerte. Utiliza ropa holgada, que no te apriete ni moleste, y adopta una postura cómoda, bien tendido boca arriba sobre la cama con los brazos y las piernas ligeramente en ángulo y apartados del cuerpo, o bien en un sillón cómodo con apoyos en los brazos, los pies y la nuca.

Existen dos procedimientos cualificados y de eficacia demostrada para entrenarse en relajación. Uno de ellos es la *relajación progresiva* de Jacobson, y el otro, el *entrenamiento autógeno* de Shultz.

El fisioterapeuta Edmund Jacobson ideó su método de *relajación progresiva* a comienzos del siglo pasado. El objetivo de su entrenamiento es provocar la relajación de la mente a partir de la eliminación progresiva de la tensión de los músculos del cuerpo. Su técnica consiste en tensar y relajar diferentes grupos musculares para, a base de práctica, aprender a diferenciar una sensación de la otra, es decir, reconocer cuándo un músculo está tenso y cuándo relajado. De esta manera, cada vez que nos sintamos tensos podremos eliminar de forma consciente las tensiones musculares y relajarnos profundamente.

En la actualidad, el procedimiento básico de relajación progresiva incluye 15 grupos de músculos y requiere sesiones de unos 15 minutos diarios. Comienza haciendo algunas respiraciones profundas y lentas. Ahora empieza a tensionar tus músculos y a relajarlos, comenzando en las manos, pasando por los brazos, los hombros, el cuello y la cara, avanzando por la espalda, el pecho, la cintura y el abdomen, para llegar a los glúteos y las piernas, y terminar en los pies. Cada tensión debe durar unos diez segundos y cada relajación otros diez, que puedes ir contando en voz baja. Repite cada tensión tres veces, dejando un par de segundos entre una y otra. Notarás que, después de poner un músculo en tensión, estará más relajado que antes. Ten en cuenta que no debes tensar músculos distintos a los del grupo muscular que estés trabajando en cada momento. No contengas la respiración, inspira y espira lenta y uniformemente durante todo el entrenamiento. No aprietes los dientes ni los ojos. Concéntrate solo en sentir el contraste entre la tensión y la relajación de cada músculo, no pienses en otra cosa.

El *entrenamiento autógeno* fue desarrollado por el neurólogo Johannes Heinrich Schultz, también a principios del siglo xx. Se trata de una técnica de relajación basada en la autosugestión y en la concentración pasiva en sensaciones físicas. Schultz parte del hecho comprobado de que los estados de relajación del cuerpo vienen acompañados por diferentes sensaciones; por ejemplo, cuando se relajan las extremidades, sentimos pesadez. Lo interesante de su planteamiento es que es posible invertir este proceso, de manera que, si logramos autosugestionarnos con estas sensaciones, lograremos relajar el cuerpo: así, al imaginar que nuestras extremidades pesan, provocaremos automáticamente que se relajen.

La técnica está compuesta por siete ejercicios de autosugestión que van provocando sensaciones de reposo, pesadez y calor en las extremidades, descenso del ritmo cardíaco y respiratorio, calor en el plexo solar y frescor en la frente. Cada sesión no debe durar más de tres a cinco minutos.

1. **Ejercicio de reposo.** Repite varias veces «Estoy muy tranquilo, nada puede perturbarme» y sentirás que tu mente y tu cuerpo entran en un estado de calma y concentración profunda.
2. **Ejercicio de pesadez.** Repite varias veces «Mis brazos/piernas pesan» y poco a poco notarás que tus extremidades comienzan a pesar realmente.

3. **Ejercicio de calor.** Repite varias veces «Mis brazos/piernas están calientes, queman» y comenzarás a sentir cómo aumenta su temperatura y mejora la circulación.
4. **Ejercicio de respiración.** Repite varias veces «Mi respiración es tranquila y regular» y pronto lograrás controlarla y volverla regular y uniforme.
5. **Ejercicio del corazón.** Repite varias veces «Mi corazón late tranquilo» y progresivamente irá disminuyendo tu ritmo cardíaco.
6. **Ejercicio abdominal.** Repite varias veces «Mi abdomen es una fuente de calor» y sentirás que tu estado de relajación se intensifica y la circulación mejora.
7. **Ejercicio de la cabeza.** Repite varias veces «Mi mente está clara y mi frente está fresca» y lograrás mantenerte despierto y recuperar la concentración.

Puedes escoger cualquiera de estos dos métodos para relajarte. Comprobarás que introducir la práctica de la relajación en tu rutina diaria mejora considerablemente tu estado de ánimo, aumenta tu rendimiento y mantiene tu salud física. No esperes a que tu cuerpo diga «basta».

RESILIENCIA

¿Quién dijo que vivir fuera fácil? A lo largo de la vida, las personas deben enfrentarse, en mayor o menor medida, a situaciones desagradables, adversas, terribles: la muerte de seres queridos, maltratos por parte de la pareja, abusos sexuales, una enfermedad grave o incapacitante... Los psicólogos dedicamos gran parte de nuestros esfuerzos a ayudar a quienes pasan por este tipo de experiencias difíciles a afrontarlas y sobreponerse a ellas. Nuestra labor es, sin duda, muy importante, pero no debemos pasar por alto que los seres humanos estamos dotados de una extraordinaria capacidad de adaptarnos a todo tipo de circunstancias, incluso las más adversas, y de reaccionar ante ellas de forma resiliente.

Imagina una pelota de gomaespuma. ¿Qué ocurre cuando la aprietas fuertemente con la mano? Que la pelota se deforma ante la fuerza que ejerces sobre ella. Pero, en el momento en que retiras tu mano y dejas la pelota en el suelo, ella sola recupera de inmediato su forma original. Eso es la resiliencia. La capacidad natural de las personas para *recuperar su forma original* tras la vivencia de un acontecimiento traumático.

Muchas de las personas que viven una situación extremadamente negativa experimentan, en los primeros momentos, síntomas postraumáticos (insomnio, ansiedad, pensamientos intrusivos, pesadillas...) o de estrés. Se trata de reacciones normales ante situaciones anormales, cuyos síntomas remiten con el tiempo y permiten a las personas ir recuperando poco a poco su funcionamiento normal. El porcentaje de personas que vive una experiencia traumática y desarrolla un trastorno psicológico es realmente bajo. No obstante, recuperación y resiliencia no son sinónimos, sino que representan formas distintas de reaccionar ante la vivencia de experiencias adversas. La recuperación implica un retorno gradual hacia la normalidad funcional, mientras que la resiliencia refleja la habilidad para mantener un equilibrio estable durante todo el proceso. En la recuperación, los niveles de disfunción van disminuyendo con el tiempo; en la resiliencia, nunca se ve alterado el funcionamiento normal de la persona.

Quizá estés pensando que la resiliencia es una cualidad infrecuente o muy poco habitual, que la mayoría de las personas que vive situaciones intensamente negativas pasa por un periodo en el que toca fondo y solo el tiempo va logrando restablecer. Sin embargo, existen una gran cantidad de estudios científicos que demuestran que la respuesta de resiliencia es común y relativamente frecuente entre las personas. La resiliencia no está reservada a individuos excepcionales, especiales o maravillosos, sino que es una respuesta natural y normal. Georges Bonnano y Camille Wortman entrevistaron a un grupo de personas mayores de 65 años que había perdido recientemente a su pareja. Lo interesante de su estudio es que este grupo de personas procedía de una investigación anterior, llevada a cabo con más de mil quinientos participantes sobre estilos de vida en ancianos. Se les habían pasado diferentes cuestionarios y se habían recogido datos sobre sus síntomas depresivos y sus niveles de tristeza, de manera que fue posible comparar estos datos previos con los que obtuvieron 6 y 18 meses tras la pérdida de la pareja. Los resultados mostraron que había varios patrones de respuesta diferentes ante la muerte de la pareja, pero, de todos, la resiliencia fue, con mucho, la respuesta más frecuente: el 45,9 % del grupo había reaccionado de manera resiliente.

¿Por qué existen personas que, enfrentadas a un suceso traumático, consiguen mantener un equilibrio estable sin que afecte a su rendimiento y a su vida cotidiana? ¿Cuáles son los elementos que favorecen la superación espontánea de los hechos traumáticos? Si fuéramos capaces de entender cómo y por qué algunas personas son capaces de resistir ante experiencias extremadamente adversas, podríamos encontrar el modo de enseñar esta habilidad a las demás. Gracias a los diferentes estudios que se han llevado a cabo con personas resilientes, se ha conseguido aislar algunas variables o factores que parecen compartir las personas con mayor capacidad de resistencia ante hechos traumáticos. Se sabe, por ejemplo, que las personas resilientes tienden a recordar de manera selectiva los elementos positivos en su memoria autobiográfica, y a obviar los negativos. Son personas, además, que aceptan cierta dosis de incertidumbre e impredictibilidad en su día a día, asumiendo que, en la vida, también influye la suerte. Los resilientes, cuando comparan lo que les ha ocurrido con las personas a su alrededor, son capaces de ver elementos positivos: «hay personas a las que aún les ha ido peor», «las cosas aún podrían ser peores...» y de aceptar que las molestias que tienen son normales y pasarán con el tiempo. Por último, las personas resilientes se perciben a sí mismas como supervivientes y no como víctimas, es decir, como personas que han salido reforzadas de una experiencia traumática y que, gracias a su vivencia, ahora poseen más armas y recursos para enfrentarse en el futuro a otras situaciones similares. Como escribió una vez Victor Frankl, psicoterapeuta y sobreviviente de los campos de concentración nazis: «El hombre que se levanta es más fuerte que el que no ha caído».

RISA

En 1964, el conocido crítico y editor de revistas estadounidense Norman Cousins fue diagnosticado de una extraña forma de artritis que le afectaba a los huesos y le provocaba dolorosas inflamaciones. El panorama no pintaba nada alentador: su médico le aseguró que existía apenas una posibilidad entre quinientas de curarse. Cansado de probar infructuosos tratamientos, Cousins decidió cambiar su fría habitación de hospital por una confortable habitación de hotel en la que se instaló dispuesto a seguir un tratamiento ideado por él mismo que incluía películas cómicas acompañadas de grandes dosis de vitamina C. No tardó mucho tiempo en descubrir que, tras una sesión de risas provocadas por una comedia, podía pasar varias horas sintiéndose libre de dolores. Lo que en principio parecía un agradable pero temporal efecto calmante se reveló, con el paso del tiempo, como un proceso mucho más complejo con repercusiones insospechadas: la velocidad de sedimentación de su sangre se reducía tras las risas, lo que repercutía favorablemente en sus inflamaciones. Gracias a este nada convencional tratamiento, Cousins terminó recuperándose completamente de su enfermedad.

Una operación ortopédica requiere un periodo postoperatorio muy doloroso, en el que son necesarios potentes fármacos que ayuden a calmar el dolor. ¿Podría una buena comedia actuar de analgésico tal como ocurrió en el caso de Norman Cousins? Dos investigadores decidieron comprobarlo. Para ello, dividieron a los pacientes en dos grupos: el primero veía películas cómicas, y el segundo, filmes de otros géneros. Los resultados fueron sorprendentes: los pacientes que durante su convalecencia vieron películas cómicas necesitaron menores cantidades de fármacos analgésicos para controlar su dolor que los que visionaron otro tipo de filmes.

La risa es una reacción biológica ante estímulos que nos provocan diversión. Es una expresión emocional innata y universal en la especie humana que porta vitalidad y energía y produce sensaciones muy placenteras. La risa funciona como un estímulo eficaz contra el estrés, la depresión y la tristeza, y estimula comportamientos positivos, como el juego, el apren-

236

dizaje y la interacción social. Nos reímos con, y a menudo de, las personas que nos rodean. Desde la infancia y a lo largo de toda la vida adulta, la risa aparece, sobre todo, como forma de comunicación no verbal a través de la que expresarnos sentimientos de diversión y humor a los demás. Las personas somos mucho más proclives a reír (unas treinta veces más) cuando nos encontramos acompañados que cuando estamos solos.

El poder curativo de la risa se intuye desde hace mucho tiempo. Ya en el siglo XIII, un cirujano llamado Henri de Mondeville sugirió que la risa podía ser utilizada como un medio para recuperarse más rápido de una operación. En la actualidad, algunos datos parecen indicar que, cuando nos reímos, nuestro organismo libera endorfinas, conocidas como las *hormonas de la felicidad*, gracias a las cuales eliminamos el dolor y aceleramos la recuperación del organismo. Las endorfinas son sustancias que libera el cerebro en respuesta a diversas situaciones negativas. Son analgésicos naturales que actúan reduciendo el dolor y generando sensaciones placenteras. Hay muchas formas de estimular la segregación de endorfinas: el ejercicio, la relajación y la risa son algunas de ellas. Por ejemplo, en un estudio realizado con 16 hombres sanos se demostró que la risa provoca un aumento del 27 % en la liberación de betaendorfinas y de un 87 % en la liberación de la hormona del crecimiento, HGH. Los resultados revelaron que, incluso el mero hecho de anticipar las risas, ya desencadena la liberación de estas sustancias.

Otro resultado interesante se ha encontrado en relación con las concentraciones de inmunoglobulina A (IgA), un anticuerpo secretado por las mucosas (presente en la boca, el tracto gastrointestinal y los pulmones) que tiene la función de protegernos de infecciones respiratorias y gastrointestinales. Cuando se midieron las concentraciones de inmunoglobulina A en diez voluntarios antes y después de que vieran unos vídeos cómicos de 30 minutos de duración, se comprobó que, tras las risas, la inmunoglobulina A salival había aumentado considerablemente, algo que no ocurrió cuando los voluntarios vieron otro tipo de vídeos de contenido neutro.

Los estudios confirman también la capacidad de la risa para elevar el umbral del dolor. Mientras ve una película cómica, una persona adulta es capaz de aguantar más tiempo con la mano metida en un cubo de agua helada o muy caliente. Sin embargo, esto ocurre también cuando las películas son de terror o dramas, por lo que parece que es la distracción de experimentar emociones fuertes la que aumenta la tolerancia al dolor. Un resultado similar se ha encontrado en niños. Mientras veían películas divertidas, 18 niños pudieron mantener más tiempo la mano en un cubo de agua helada. Dado que no parece plausible trabajar con películas de terror o drama en población infantil, las películas cómicas se presentan como una herramienta con importantes aplicaciones en entornos hospitalarios, de manera que sea posible reducir el malestar de los pequeños durante intervenciones o tratamientos dolorosos.

Basándose en el potencial poder curativo de la risa y en los múltiples beneficios que parece tener, se ha desarrollado la risoterapia. Es una técnica terapéutica de grupo sin otro fin que reír a mandíbula batiente. Como la risa es contagiosa, reír en grupo resulta relativamente sencillo, y basta que una o dos personas comiencen a reírse para que, al poco rato, todo el grupo esté carcajeándose. La risoterapia no se basa en simples sonrisas, ni siquiera en carcajadas, se trata de reír con todo el cuerpo. En risoterapia se combina la expresión corporal, la música y la danza con ejercicios de respiración y masajes para despertar en las personas una risa espontánea, sincera, sana y natural que aporte al cuerpo ejercicio físico y mental. Las sesiones de risoterapia requieren que el cuerpo y la mente estén completamente relajados, libres de tensiones musculares y preocupaciones. Se comienza trabajando con una risa simulada que nace, por ejemplo, del juego con las diferentes vocales (ja, je, ji, jo, ju). Esta risa forzada no tarda mucho tiempo en desencadenar la risa real, de manera que, lo que comenzó siendo un simple ejercicio, termina convirtiéndose en auténtica diversión. El objetivo fundamental es conseguir que la gente aprenda a reírse cuando quiera, sin necesidad de tener un elemento externo que le provoque la risa.

S

SABOREO

Haz un cálculo estimado de cuántas veces a lo largo del día piensas en lo que harás o dejarás de hacer mañana, o la semana que viene, o el mes siguiente. La mayoría de nosotros piensa demasiado en el futuro. Planeamos nuestro próximo viaje, nuestro próximo ascenso, nuestra siguiente cita... y a menudo la corriente del futuro nos arrastra tan deprisa que acabamos por descuidar el presente. Estamos tan ensimismados planificando lo que pasará mañana que no aprovechamos lo que nos está pasando hoy, y así, viviendo en el futuro, perdemos las grandes oportunidades que nos ofrece la vida cada día.

Las filosofías orientales hace tiempo que conocen la importancia de vivir el aquí y el ahora, de conectar con el presente. Sin embargo, en nuestra sociedad modernizada y tecnológica de Occidente, aún no hemos sido capaces de apreciar el inmenso valor de vivir el presente y disfrutar al máximo de él. ¿No crees que va siendo hora de que comencemos a hacerlo?

Hace apenas unos años, Fred B. Bryant y Joseph Veroff, dos psicólogos investigadores de la Universidad de Loyola, propusieron un nuevo concepto muy relacionado con la importancia de vivir el momento: el *saboreo*. Ellos destacan la necesidad de recuperar el valor perdido del presente y nos invitan a saborear o a disfrutar de los buenos momentos de la vida diaria, aprendiendo a ser más conscientes de ellos. La clave del saboreo reside en aprender a focalizar nuestra atención hacia la experiencia cotidiana del presente.

Para el budismo, la insatisfacción que sentimos las personas nace del ansia o del anhelo por lo que ha de llegar. Por eso, el budismo nos enseña a desarrollar la atención y la conciencia para conectarnos con el presente, y lo hace a través de técnicas de respiración y relajación como el yoga o la meditación. El saboreo es una técnica que logra exactamente el mismo resultado, pero a través de un proceso diferente. Si aprendemos a tomar conciencia del placer de cada día, de las situaciones positivas que vivimos, nuestra vida se llenará de plenitud y satisfacción. El saboreo nos permite descubrir la alegría en el corazón de cada instante, exprimir el presente y aprovecharlo al máximo.

Los seres humanos pasamos por la vida de puntillas, y cuando llegamos al final nos preguntamos, asombrados, qué ha sido de ella, cómo ha podido pasar tan rápido. La inconsciencia domina gran parte de nuestra actividad cotidiana; actuamos y vivimos de forma automática, sin pensar demasiado en lo que hacemos y sin ser demasiado conscientes de nuestros estados emocionales, especialmente cuando son positivos. Tampoco solemos darnos cuenta de los buenos momentos que vivimos y los desperdiciamos con demasiada frecuencia. La vida ajetreada nos impide detenernos a disfrutar y a saborear las cosas buenas que nos ocurren, y nuestra tendencia a implicarnos en muchas actividades a la vez intensifica esta situación. El saboreo, por el contrario, remite a la atención consciente sobre la experiencia presente. Nos invita a disfrutar no del año que viene, ni de mañana, sino de hoy. El saboreo nos llama a valorar la plenitud de la vida aquí y ahora y nos recuerda la importancia de mantenerse alerta de los estados mentales y emocionales del aquí y del ahora, de conectar con el presente y tomar plena conciencia de él.

Saborea la vida...

Es probable que la predisposición para saborear habitualmente los buenos momentos de la vida sea una característica de personalidad bastante estable. Sin embargo, es posible aumentar nuestra capacidad de saboreo utilizando una serie de técnicas de muy fácil aplicación. Cualquiera puede aprender a saborear los buenos momentos de la vida, solo es necesario poner atención a los siguientes pasos:

• **Compartir la experiencia con los demás.** Encontrar a otras personas con las que compartir el momento o a las que contarles la experiencia vivida. Al compartir los buenos momentos que vivimos con los demás, logramos tomar conciencia de ellos y hacerlos perdurar.

• **Recordar la experiencia.** Podemos tomar fotografías mentales del momento para recrearnos más tarde en su recuerdo, pero también es una gran idea usar una cámara fotográfica que nos permita rememorar la situación en el futuro y enseñársela a otras personas.

• **Elogiarse a uno mismo.** No debemos temer mostrarnos orgullosos de lo que hemos vivido. Hemos de saber reconocer nuestros logros y no escatimar elogios hacia las cosas que hemos logrado.

- **Agudizar los sentidos.** Centrarnos en escoger determinados elementos de la experiencia vivida y realzarlos. Para aprovechar en todo su potencial el momento, es necesario escoger ciertos elementos y descartar otros. En el saboreo adquieren vital importancia los detalles. No podemos abarcarlo todo, pues nuestra atención se difumina y perdemos conciencia.
- **Ensimismarse.** Debemos aprender a concentrarnos profundamente en la actividad que llevamos a cabo, dejar que ésta nos envuelva y nos absorba por completo. Tratar de no pensar en nada, solo en disfrutar plenamente del momento y fluir.

La próxima vez que te suceda algo bueno, detente por un instante y deja que te invada el momento, tómate tu tiempo para disfrutar de lo que te está ocurriendo, sin distracciones ni pensamientos que te perturben. Aprende a identificar tus sentimientos y emociones, dejando que fluyan y emerjan a la superficie. Comparte la experiencia con los demás, no tengas miedo de mostrar tu orgullo y tu ilusión: rememora la experiencia tantas veces como quieras, y sumérgete de lleno en cada detalle vivido. Una cena romántica con tu pareja, un regalo recibido por sorpresa, una carta de un amigo lejano, un encuentro inesperado en la calle. Cada día nos ocurren situaciones especiales y muchas veces estamos tan centrados en aquello que debería llegar mañana que somos incapaces de disfrutar de lo que vivimos. Si aprendemos a saborear estos buenos momentos, a empaparnos y a tomar plena conciencia de ellos, habremos dado un gran paso hacia la vida plena y feliz.

Las personas que son capaces de aprender a disfrutar y a saborear los pequeños momentos de placer que les ofrece la vida son definitivamente más felices y se encuentran más satisfechas, son más optimistas y tienen menos tendencia a la depresión. Ahora está en tus manos convertir el saboreo en un hábito.

T

TRABAJO

Las personas pasamos aproximadamente un tercio de nuestro tiempo trabajando. El trabajo ocupa una parte muy importante en nuestras vidas y por eso la satisfacción y el disfrute que nos proporciona repercuten directamente sobre nuestra felicidad general. Trabajar es una experiencia ambigua: sabemos que es uno de los aspectos más relevantes de nuestra vida, pero preferiríamos no tener que hacerlo. En el trabajo vivimos momentos de gran intensidad y satisfacción; además, nos proporciona un sentido de orgullo e identidad que difícilmente encontramos en otras actividades. Sin embargo, la mayoría de nosotros estaría encantada de evitar levantarse cada mañana para ir a trabajar.

El trabajo tiene mala fama, pero una persona que no tiene un empleo a pesar de reunir todas las condiciones para ello es considerada, en cierto modo, una inadaptada. En las sociedades modernas, una de las causas más frecuentes de infelicidad es encontrarse en paro. Todos parecemos estar de acuerdo en que el trabajo tiene grandes inconvenientes, pero carecer de él es todavía peor. Las encuestas también revelan que la mayoría de las personas dice no querer dejar de trabajar si heredara o ganara sumas importantes de dinero que le permitieran vivir sin trabajar el resto de su vida. ¿Cómo explicar esta actitud contradictoria hacia el trabajo?

Desde niños aprendemos a diferenciar claramente entre trabajo y juego: el primero es necesario, pero no placentero; el segundo es placentero, pero inútil. Así, cuando se llega a la edad adulta, muy pocas personas son capaces de asociar trabajo con placer. Sin embargo, lo que se comprueba cuando se analiza de forma objetiva la experiencia del trabajo es que se parece más a un juego que cualquier otra de las actividades que realizamos en nuestra vida cotidiana. Un trabajo implica reglas y desafíos, metas y normas claras, proporciona retroalimentación, favorece la concentración... En definitiva, el trabajo tiene una estructura muy similar a la de otras actividades intrínsecamente gratificantes, como los juegos o los deportes.

Una serie de estudios realizados por un grupo de psicólogos en la Universidad de Chicago arrojó un resultado sorprendente: existen más posibilidades de disfrutar plenamente en el trabajo que durante nuestro tiempo libre. Las personas encuestadas afirmaban que un 54 % de sus mejores momentos lo pasaba en el trabajo, mientras que solo un 18 % en actividades de ocio. La mayoría de nosotros no ve el momento de abandonar su puesto de trabajo para llegar a casa y disponer del tiempo libre ganado. Desgraciadamente, muchas veces nos encontramos con que no sabemos qué hacer con ese tiempo, pues no está estructurado, y no posee ninguna de las características que propician el disfrute y la implicación.

El trabajo suele ser el momento propicio para fluir, para sentirse totalmente a gusto con uno mismo, porque, a diferencia de lo que ocurre con el tiempo libre, incorpora muchas de las condiciones gratificantes por sí mismas. Cualquier trabajo, incluso el aparentemente más trivial, puede contribuir a aumentar la calidad de nuestra vida. Las condiciones externas en las que se desarrolla un trabajo son, desde luego, importantes, pero más lo son las condiciones internas, es decir, la forma en que las personas afrontan su trabajo y la manera como consiguen sacar el máximo partido de esta experiencia.

Un trabajo será tanto más agradable cuanto más se parezca a un juego. Los juegos nos hacen disfrutar, porque están programados a partir de unas pautas que propician el disfrute y la gratificación: parten de una serie de reglas, requieren el aprendizaje de un conjunto de habilidades, establecen metas claras, nos reportan una información constante sobre cómo estamos actuando, facilitan la concentración, fomentan la creatividad y nos proporcionan una agradable sensación de estar descubriendo cosas nuevas. Todas estas características, que son propias del juego, están también presentes en el trabajo, solo que muchas veces no nos damos cuenta. Inmersos en la rutina gris del día a día laboral, nos olvidamos de las enormes posibilidades que nos ofrece el trabajo. Al igual que durante el juego, cuando trabajamos tenemos la oportunidad de poner en marcha nuestras capacidades, de superar desafíos y alcanzar objetivos, de ser creativos

Todos podemos mejorar la calidad de nuestras experiencias en el trabajo; el primer paso es dejar de considerarlo una obligación impuesta desde fuera y aceptar que trabajo y disfrute son dos experiencias que pueden caminar juntas. A continuación, tenemos dos opciones: cambiar de empleo o cambiar nuestra actitud. No es difícil encontrar personas que, de forma repentina, lo hayan dejado todo siguiendo una vocación. Para muchas de ellas, cambiar de empleo ha resultado ser una de las mejores decisiones que han tomado en su vida.

Ahora bien, muchas veces no es necesario un cambio tan drástico, basta con reorientar nuestro actual empleo para encauzarlo en la dirección que queremos. Una de las quejas más habituales entre los trabajadores es la rutina; casi irremediablemente, cualquier trabajo que en un principio nos resultaba estimulante y atractivo termina por dejarse envolver por la desesperante rutina. Por eso, nuestro principal objetivo debe ser transformar la rutina en oportunidades para el desarrollo. Dos de los principales factores que favorecen la rutina son la falta de variedad y la ausencia de desafíos.

El arma más potente con la que contamos para luchar contra la falta de variedad es nuestra creatividad: poner en marcha nuevos proyectos, encontrar maneras innovadoras de realizar una misma tarea, descubrir caminos alternativos a los que utilizamos habitualmente... Para aumentar los desafíos, no hay nada más efectivo que aprender a fijar pequeñas metas que podamos ir alcanzando día a día a través de la puesta en práctica de nuestras habilidades y fortalezas personales. Cuando la creatividad y las fortalezas personales se enfrentan a la rutina, salen siempre victoriosas.

S

SALUD

Podría parecer que la salud es la simple ausencia de enfermedades o infecciones. Sin embargo, desde el año 1949, la Organización Mundial de la Salud (OMS) estableció una definición más compleja: la salud no es solo la ausencia de enfermedades o infecciones, sino el estado completo de bienestar físico, mental y social.

¿Cómo crees que te afectaría quedarte en silla de ruedas de un día para otro? Con toda seguridad intuyes que tu mundo se vendría abajo y que tus niveles de felicidad descenderían drásticamente. No solo la falta de movilidad, sino todos los problemas físicos y emocionales que lleva asociados la paraplejia, nos hacen temer profundamente que un día pueda pasarnos a nosotros. Ocurre, sin embargo, que quedarse en silla de ruedas no parece resultar tan desolador como nos imaginamos. Nuestro sistema de adaptación hedónica nos ayuda a reponernos ante este terrible contratiempo y a recuperar nuestra vida y, con ella, nuestros niveles de felicidad. Así lo comprobó un grupo de investigadores en los años setenta cuando comparó los niveles de felicidad de un grupo de personas que en el último año habían sufrido un accidente que los había dejado postrados en silla de ruedas y otro grupo de personas a las que no les había ocurrido nada excepcional en ese último año. Sorprendentemente, sus niveles de felicidad fueron bastante parecidos, y las personas que habían quedado parapléjicas solo mostraron un descenso muy leve de su felicidad, muy lejos de lo que nuestra intuición nos dice. Este tipo de experimentos se ha repetido a lo largo de los años con personas ciegas, pacientes de cáncer y todo tipo de enfermos crónicos. Todos los resultados van en la misma línea: la salud no parece influir demasiado en la felicidad de las personas.

Lo que sí resulta importante es la percepción subjetiva que las personas tenemos de nuestra salud. Seguro que conoces a alguien que se pasa el día quejándose de sus achaques y asumiendo que el más leve dolor o cambio extraño en su organismo es señal de que alguna enfermedad espantosa se ha apoderado de su cuerpo, aunque objetivamente tenga una salud de hierro. La percepción que estas personas tienen de su salud está muy alejada de la realidad y, a pesar de estar médicamente sanas, ellas se sienten enfermas. Este tipo de sentimientos sí que repercute en la felicidad de las personas y convierte la vida en algo muy estresante y amenazante.

La relación entre felicidad y salud se da, curiosamente, a la inversa: no es la salud la que nos trae necesariamente la felicidad, sino la felicidad la que nos trae la salud. Uno de los resultados más sólidos de la investigación en psicología es el que nos enseña que las emociones negativas, como la ira, la tristeza o la ansiedad, tienen un efecto inmunodepresivo, es decir, disminuyen la eficacia de la respuesta de nuestro sistema inmunológico, encargado de defendernos de los ataques de bacterias, virus y otros agentes nocivos para el organismo humano.

Existen algunos estilos de comportamiento que influyen en la aparición de enfermedades. Por ejemplo, las personas que con mucha frecuencia experimentan emociones como frustración, agresividad, hostilidad, ira y enfado (lo que en psicología se conoce como *patrón de conducta tipo A*) tienen hasta tres veces más probabilidades de sufrir una angina de pecho o un infarto de miocardio. Las personas que tienen tendencia a la depresión, y a sentir emociones de desamparo, desesperanza y aislamiento, que son introvertidas, resignadas, sumisas y tienden a controlar en exceso sus expresiones de hostilidad y enfado (conocido como *patrón de conducta tipo C*) tienen un mayor riesgo de padecer cáncer.

Por el contrario, existen estilos de comportamiento que nos ayudan a prevenir las enfermedades. El sentido del humor y otras emociones positivas tienen un efecto potenciador del sistema inmunológico y, por tanto, disminuyen la probabilidad de padecer enfermedades. Hace apenas unos meses, el Centro de Salud Cardiovascular Conductual en el Centro Médico de la Universidad de Columbia, en Nueva York, publicó el resultado de un estudio realizado a lo largo de diez años en el que se siguió a un grupo de 1.739 adultos sanos, 862 hombres y 877 mujeres. Una vez controlados factores como la edad, el sexo y otras circunstancias externas, los investigadores descubrieron que un mayor afecto positivo predecía un menor riesgo de enfermedad cardíaca, y que los participantes con niveles bajos de afecto positivo tenían un 22 % más de probabilidad de sufrir un ataque cardíaco o una angina de pecho que los participantes con un afecto positivo moderado, que a su vez, también tenían un 22 % más de probabilidades de sufrir enfermedades cardíacas que los participantes con un afecto positivo elevado. Los resultados de este reciente estudio sugieren que podría prevenirse la enfermedad cardíaca promoviendo las emociones positivas en las personas.

Tras décadas de investigación, existen pruebas que evidencian que las emociones positivas se relacionan con el estado de salud e, incluso, con la esperanza de vida de las personas. Sabemos que, quienes experimentan más emociones positivas, tienen mejores hábitos de salud, menor tensión arterial y un sistema inmunológico más fuerte que las que experimentan menos emociones de este tipo. No hay duda: podemos afirmar que las emociones positivas potencian la salud, mientras que las emociones negativas tienden a disminuirla.

Tenemos muy claro que una buena alimentación, ejercicio diario, evitar todo tipo de excesos... son hábitos saludables que nos mantienen libres de enfermedades y nos ayudan a tener una vida más sana y plena. Pero, a esta receta saludable, no hay que olvidar nunca añadirle una buena dosis de felicidad, optimismo y emociones positivas.

SEXUALIDAD

La sexualidad se ha vivido siempre en nuestra cultura como algo escondido, secreto, incluso sucio o negativo, algo de lo que no se debía hablar demasiado. Por esa razón, el pasar de los años la ha ido cargando de mitos, prejuicios y estereotipos que la han convertido en algo altamente estresante para algunas personas. Por suerte, cada vez resulta más natural hablar abiertamente de la sexualidad y comienza a entenderse la importancia que tiene en el desarrollo completo de las personas. La sexualidad es una dimensión básica del ser humano y el modo en el que se asume y se vive influye directamente no solo en el cuerpo, sino también en las emociones, los sentimientos, las relaciones con los demás...

La investigación en psicología nos ha enseñado que la sexualidad y la felicidad están íntimamente relacionadas. Vivir una sexualidad plena y positiva aumenta considerablemente los niveles de felicidad, mientras que la insatisfacción sexual y los problemas asociados a ella generan estrés, ansiedad y una profunda infelicidad. Tener una vida sexual satisfactoria nos ayuda a convertirnos en personas felices.

La mayoría de la gente cree que sexualidad es sinónimo de sexo, de manera que solo aquel que tiene relaciones sexuales activas posee sexualidad. Esta creencia no es correcta. Sexo y sexualidad no son sinónimos y, mantengamos o no una relación sexual, todas las personas poseemos sexualidad, que está presente en nosotros desde que nacemos. Es cierto que el sexo es un componente fundamental de la sexualidad, pero no el único; la sexualidad tiene que ver también con la relación que cada persona tiene con su propio cuerpo, con sus deseos, sus gustos, sus emociones y sus sentimientos.

Hace apenas unos años, siguiendo la estela del concepto de inteligencia emocional, ha aparecido en la literatura el de *inteligencia sexual*. Más allá de lo que de efectista, oportunista o comercial tiene este concepto, es cierto que la sexualidad, lejos de ser un factor exclusivamente instintivo, necesita de aprendizaje, regulación y manejo eficiente. La sexualidad humana es un fenómeno muy complejo; a diferencia de la de nuestros compañeros animales, no está exclusivamente regulada por instintos, y por supuesto va mucho más allá de la simple función reproductora y perpetuadora de la especie. Disfrutar plenamente de la sexualidad no es algo genético, sino algo que se aprende mediante la educación que recibimos cuando somos niños y adolescentes, y la experiencia que adquirimos en la edad adulta, que se complementa con la recepción activa de una gran cantidad de información sexual, a la que por suerte cada vez tenemos más acceso. Es indudable que, para llegar a la plenitud sexual, es necesario primero adquirir una buena educación y formación sexual, gracias a la cual seamos capaces de superar mitos, estereotipos culturales y falsas creencias, y que nos permita mantener relaciones sexuales seguras, libres y positivas. Si realmente existe la inteligencia sexual, ésta es la capacidad que nos orienta a explorar nuestro propio cuerpo, a conocer nuestros gustos y a respetar los de los demás, así como a guiar nuestras decisiones y nuestra conducta sexual basándose en todo ello.

Claves para disfrutar de una sexualidad saludable

• **Conoce tu cuerpo.** Resulta difícil gozar de una sexualidad plena si no conocemos nuestro propio cuerpo, lo que nos gusta o nos disgusta, lo que nos hace sentir placer o rechazo. Por desgracia, ésta es una asignatura pendiente para muchas personas, sobre todo mujeres. Aprender a conocer bien cómo funciona nuestro cuerpo y descubrir cómo se activan los resortes de nuestro deseo forma parte de nuestra identidad personal más íntima. La sexualidad debe comenzar por uno mismo, así que explora tu cuerpo y descubre las sensaciones que más te gustan. Mira, toca y disfruta sin inhibiciones ni tensiones.

• **Siéntete cómodo y seguro.** El secreto de una sexualidad plena comienza en la propia aceptación personal. Aceptarnos tal como somos, con nuestras virtudes y defectos, es parte fundamental del proceso para vivir una sexualidad saludable y positiva. No te dejes abatir por los complejos, acepta tu cuerpo y tus formas, confía en tu atractivo y en tu poder de seducción. Los cánones de belleza que impone la sociedad de nuestros días no deben suponer obstáculo alguno para que aprendas a quererte y a valorar tu cuerpo.

• **Comunícate.** Muchos de nosotros vivimos con la falsa idea de que los problemas sexuales son inconfesables, que no se debe hablar de ellos; muy al contrario, deben ocultarse. Es cierto que estos problemas son muy íntimos, y no se pueden contar a cualquier persona o en cualquier circunstancia, pero eso no implica que deban ser motivo de vergüenza o complejo, y que tengan, por tanto, que mantenerse en secreto. Es conveniente y necesario hablar de ellos con la persona adecuada y en el momento apropiado. Siéntete libre de hablar abiertamente con tus amigos, tu pareja e incluso con tu médico sobre tus miedos y problemas sexuales. Comunícate con tu pareja en el plano sexual, déjale claro lo que te gusta y lo que no, y hasta dónde quieres llegar. Una comunicación fluida es básica para disfrutar plenamente de la sexualidad.

• **No tengas miedo a jugar y experimentar.** La sexualidad es, ante todo, algo lúdico, divertido y sano. Atrévete a jugar, a utilizar la fantasía y la imaginación en tus relaciones sexuales. Puede que hayas crecido asumiendo que la sexualidad es algo turbio y que todo lo que vaya más allá de una relación sexual tradicional es negativo y símbolo de perversión. Trata de eliminar todo ese tipo de prejuicios, aunque manteniendo siempre el respeto por los gustos y las posibilidades de la otra persona. Aprende a dejarte llevar, prueba nuevas sensaciones, descubre nuevos placeres y pon en tu vida sexual esa chispa que la hará mantenerse en forma por muchos años.

SUPERACIÓN

Los seres humanos somos vulnerables. Existen muchas circunstancias que pueden sacudir nuestras vidas: la muerte de un ser querido, las consecuencias graves de un accidente o de una enfermedad... Nadie está libre de sufrir una experiencia traumática y, cuando ésta llega, supone un duro golpe que nos obliga a replantear, en muchas ocasiones, el sentido de nuestra vida. Las consecuencias negativas de una experiencia traumática son de sobra conocidas por todos: profunda tristeza, desesperanza, desilusión, apatía, insomnio... Además de estas consecuencias emocionales, la experiencia traumática nos obliga a reconsiderar muchas de las concepciones que tenemos sobre el mundo y la vida. Vivir una situación traumática derrumba en un instante el edificio que lentamente habíamos ido construyendo con los años, y nos toca comenzar a reconstruirlo de nuevo, pieza por pieza, desde el principio. Por suerte, en ese proceso de superación del trauma es posible encontrar elementos positivos e, incluso, aprender a crecer como personas.

Durante mucho tiempo, la psicología ha ignorado la capacidad del ser humano de encontrar elementos positivos en la vivencia de una experiencia traumática. Para mucha gente resulta incluso poco ético hablar de aspectos positivos en un marco tan negativo como el del trauma. Sin embargo, existen muchos testimonios de personas que lograron encontrar beneficios en su durísima vivencia. Una experiencia traumática es siempre negativa, pero lo que suceda a partir de ella depende de cada uno.

Cuando hablamos de superación y crecimiento, tenemos que recordar que la respuesta normal y universal ante una experiencia traumática es el dolor y las vivencias negativas. El hecho de que algunas personas sean capaces de apreciar, periféricamente, algunos valores positivos tras vivir un acontecimiento traumático no significa, ni mucho menos, que lleguen a apreciar lo ocurrido. En este sentido, el crecimiento postraumático es un constructo multidimensional, y el hecho de que una persona experimente cambios positivos en determinados dominios de su vida no implica que deje de experimentar cambios negativos en otros dominios.

Lawrence Calhoun y Richard Tedeschi son dos psicólogos de la Universidad de Carolina del Norte que dedican sus estudios al crecimiento postraumático. Ellos estiman que dos de cada tres supervivientes de experiencias traumáticas encuentran vías a través de las cuales logran beneficiarse de su lucha contra los cambios que el suceso traumático provoca en sus vidas.

Por ejemplo, en un estudio realizado por la Universidad de Washington en 1995 con un grupo de mujeres que había sufrido abuso sexual en su infancia, casi la mitad de ellas dijo haber encontrado algún tipo de beneficio en la experiencia vivida, beneficios que pudieron agruparse en cuatro categorías: capacidad de protección de los niños frente al abuso, capacidad de autoprotección, incremento en el conocimiento del abuso sexual y desarrollo de una personalidad más resistente y autosuficiente.

En otro estudio que se realizó en Canadá con padres que habían perdido a un hijo en un accidente de tráfico, se encontró que un 29 % opinaba que, a raíz de la tragedia ocurrida su matrimonio se había fortalecido, mientras que un 32 % aseguraba que las relaciones con sus otros hijos habían mejorado considerablemente.

No debemos olvidar, sin embargo, que no todas las personas que viven una situación traumática experimentan beneficios de este tipo. El crecimiento postraumático no es un fenómeno universal, aunque sí ocurre en muchas más ocasiones de las que hasta hace poco tiempo se creía. En la actualidad, gran parte de la investigación se centra en determinar por qué unas personas logran superar y encontrar beneficio en el trauma y otras no. Los resultados han demostrado que las personas que encuentran aspectos positivos en la superación de su experiencia adversa afrontan la vida de un modo más optimista, entusiasta y enérgico, son personas curiosas y abiertas a nuevas experiencias, que experimentan con frecuencia emociones positivas y que hacen frente a sus experiencias traumáticas utilizando el humor, la exploración creativa y el pensamiento optimista.

El crecimiento postraumático implica ser capaz de encontrar elementos positivos en el proceso de lucha que se emprende tras el acontecimiento traumático, es decir, no es el acontecimiento en sí mismo el causante del beneficio, sino el proceso de cambio que promueve dicho acontecimiento. Después de pasar por una experiencia traumática, la vida nunca vuelve a ser la misma; querámoslo o no, nuestra forma de pensar y de actuar cambia. El cambio es el elemento fundamental de la experiencia traumática, y ese cambio traerá consecuencias de todo tipo, tanto negativas como positivas. Calhoun y Tedeschi han definido tres tipos de cambio que producen las experiencias traumáticas y llevan al crecimiento personal:

- **Cambios en uno mismo.** Un sentimiento común en muchas de las personas que se enfrentan a una situación traumática es un aumento en la confianza en sus propias capacidades para afrontar cualquier adversidad que pueda ocurrir en el futuro. La lucha emprendida contra la experiencia traumática ofrece oportunidades únicas de redireccionar una vida. «Si he superado esto, puedo superarlo todo.» «Me he dado cuenta de que soy fuerte, de que soy capaz de superar algo tan duro como esto.» «Siento que soy mejor después de haber afrontado una experiencia única como ésta.»
- **Cambios en las relaciones interpersonales.** Muchas personas, a raíz de la vivencia de una experiencia traumática, ven fortalecidas sus relaciones con los demás. Es frecuente que aparezca la sensación de haber aprendido a apreciar a los verdaderos amigos y de sentirse más cercano a ellos. Muchas familias y parejas enfrentadas a situaciones adversas dicen sentirse más unidas que antes del suceso. Además, hacer frente a una experiencia traumática despierta en las personas sentimientos de compasión y empatía hacia el sufrimiento de los demás y promueve conductas altruistas: «Ahora sé quiénes son mis verdaderos amigos y me siento mucho más cerca de ellos que antes», «Lo que ha ocurrido me ha unido a otras personas», «Ahora comprendo mejor a quienes sufren».
- **Cambios en la espiritualidad y en la filosofía de vida.** Es el tipo de cambio más frecuente. Las experiencias traumá-

ticas tienden a sacudir de forma radical las concepciones e ideas sobre las que construimos nuestra forma de ver el mundo. Cuando una persona pasa por una experiencia traumática, toma conciencia del valor de las pequeñas cosas de la vida, del día a día: «He cambiado mis esquemas de valores y mis prioridades en la vida», «He aprendido muchas lecciones importantes», «He aprendido que hay que saborear cada segundo de la vida».

Las personas somos seres vulnerables, sí, pero también somos increíblemente fuertes. Tenemos una sorprendente capacidad para luchar y sobreponernos a los duros golpes que nos depara la vida. Ser conscientes de que superar un trauma y encontrar los elementos positivos del mismo es posible abre una puerta de esperanza y optimismo a muchas personas que atraviesan situaciones traumáticas.

TOLERANCIA

Vivimos tiempos de diferencias. Diferencias culturales, étnicas, religiosas, políticas, lingüísticas... Hoy más que nunca se hace necesaria la convivencia en armonía, la aceptación de quienes no son como nosotros, el respeto y la comprensión: para lograrlo, la virtud de la tolerancia es imprescindible. La tolerancia es la capacidad de aceptar a otras personas que no piensan de la misma manera que nosotros o que tienen valores, preocupaciones, opiniones y creencias distintas a las nuestras. Ser tolerante es escuchar y aceptar opiniones dispares, respetar los pensamientos, las ideas y la forma de comportarse de los demás, así como ser comprensivos con sus equivocaciones y fallos. La tolerancia nos enseña a apreciar el inmenso valor de las distintas formas de entender el mundo y nos prepara para vivir en una sociedad plural y compleja sometida a continuos cambios, como es la de nuestros días.

Ser tolerante es una cualidad que nos permite manejar la diversidad e, incluso, encontrar en ella los aspectos más positivos y beneficiosos. Por supuesto, tolerar las diferencias y las distintas formas de pensar y entender la vida que tienen las personas no quiere decir que no se defiendan los puntos de vista propios o que se justifiquen acciones injustas, abusos o comportamientos violentos. ¿La tolerancia debe tener límites? Claro que sí. La tolerancia no debe ser permisiva ni benevolente con aquellas ideas y comportamientos que atenten contra la libertad y la dignidad de las personas; éste es su límite.

La mayoría de las veces, la intolerancia tiene su origen en la ignorancia; aquello que desconocemos nos genera rechazo e, incluso, miedo. Por eso, para ser tolerante es fundamental preocuparse por conocer al otro y aprender a entender sus pensamientos, emociones y sentimientos. Gracias a este ejercicio, la tolerancia contribuye a mejorar nuestras relaciones con los que nos rodean. Además, ser tolerante requiere también que seamos capaces de tener puntos de vista amplios y flexibles, abiertos a posibles cambios, y que nunca tratemos de imponer por la fuerza nuestras opiniones o ideas, sino que apostemos por el diálogo y la conciliación.

Aprende a ser tolerante...

Las personas no nacemos tolerantes o intolerantes, es la educación la que va marcando el camino hacia la tolerancia a lo largo de toda la vida. Éstas son algunas premisas básicas para aprender a ser más tolerante:

• **Apuesta por la comunicación y el diálogo.** No se equivoca el refrán cuando dice que hablando se entiende la gente. El intercambio de ideas es imprescindible para entender a los demás. Nunca te cierres al diálogo; hasta los problemas y desencuentros más radicales se arreglan con la palabra. Comunícate siempre en positivo; no utilices las palabras para destruir, sino para construir.

• **Ponte en el lugar del otro (empatía).** Nada mejor para entender al otro que ponerse en su lugar. Esfuérzate por salir de tu punto de vista y adoptar el de la otra persona, tratando de comprender todas las circunstancias que la envuelven. Escucha a los demás e intenta entender su postura; respétala, aunque no la compartas.

• **Asume las diferencias como algo normal.** Cada persona es un mundo, y no todos pensamos o actuamos igual. Las diferencias son parte inherente del ser humano, y en lugar de entenderlas como barreras en las relaciones debemos aceptarlas con toda la riqueza que nos aportan.

• **Encuentra los puntos comunes.** Incluso entre las personas más diferentes siempre se pueden hallar puntos en común. Aprende a encontrar esos detalles que te hacen semejante a la otra persona y establece lazos de unión a partir de ellos.

> • **Lucha contra los prejuicios.** Todas las personas te-
> nemos prejuicios, ideas preconcebidas que se han ido ins-
> talando en nosotros con el paso del tiempo. Los prejuicios
> nos llevan muchas veces a hacer interpretaciones equivo-
> cadas de las situaciones basándonos en generalizaciones
> que no tienen fundamento real. Toma conciencia de tus
> prejuicios y lucha contra ellos con las armas de la com-
> prensión, el respeto y la aceptación.
> • **Toma perspectiva.** Trata de ser lo más objetivo posi-
> ble. A veces es importante observar lo que sucede toman-
> do cierta perspectiva. Este ejercicio te ayudará a quitar
> importancia a muchos de los problemas que ahora te pa-
> recen irresolubles, y a dar a las cosas el valor que real-
> mente tienen.

VALOR

En el año 399 a. C. el filósofo griego Sócrates fue condenado a muerte por un tribunal y envenenado con cicuta, siguiendo el método tradicional en aquella época. Se le acusaba de corromper con sus ideas a la juventud ateniense y, aunque se le dio la oportunidad de eludir la condena si renegaba de sus teorías, el filósofo aceptó su destino con serenidad, calma y valor. «Ha llegado el momento de separarnos, yo para morir, vosotros para vivir. Quién de nosotros lleva la mejor parte, solo Dios lo sabe», dijo a sus discípulos al despedirse. Sócrates se convirtió desde entonces en todo un ejemplo de coraje, no solo por el valor que demostró al asumir su destino y su muerte, sino por defender unas ideas, las suyas, que creía justas y válidas, a pesar del rechazo de los demás y las consecuencias negativas que de ellas derivaron.

¿A qué tienes miedo? Cada persona tiene una forma diferente de enfrentarse al miedo y es precisamente ésta la que diferencia las actitudes valientes de las cobardes. Sentir miedo no es ser cobarde, todos nosotros lo sentimos. El miedo es un mecanismo adaptativo fundamental que nos permite sobrevivir. Si no sintiéramos miedo, no percibiríamos el peligro y nuestra vida sería realmente complicada, y seguramente bastante corta. El valor no es la ausencia de miedo; en realidad, la persona que no siente miedo, más que valiente, es temeraria. Valiente es quien percibe el peligro y siente miedo, pero logra dominarlo y enfrentarlo directamente. Somos valientes cuando impedimos que el miedo controle y paralice nuestro comportamiento.

Tradicionalmente, el valor está asociado a la guerra. Cuando imaginamos a alguien valiente, suele venirnos a la cabeza la imagen de un soldado, un gladiador o un guerrero que no tiene miedo de arriesgar su vida en la batalla. Pero el valor no solo está ligado a la acción violenta (de hecho, no debe confundirse el valor con el gusto por la pelea, la furia o la bravura), sino que también tiene que ver con la expresión libre y la defensa de ideas, opiniones y causas que se creen justas. Valor es el que demostró Sócrates, o el astrónomo Galileo cuando aseguró en voz bien alta que la Tierra giraba alrededor del Sol, aunque ello le valiera también ser condenado a muerte por quienes no compartían sus teorías. El valor nos da la fuerza suficiente para defender nuestros ideales aun enfrentándonos a las convenciones sociales y exponiéndonos al rechazo y a la condena de nuestros semejantes. En la vida diaria también podemos encontrarnos en situaciones como las de Sócrates o

Galileo en las que nuestras opiniones difieren de las de la mayoría y sentimos que nadamos a contracorriente. Ante una situación de este tipo, podemos adoptar una postura cobarde, quedándonos callados y dejando que todo siga igual, o tener el valor de decir lo que pensamos y defender lo que creemos que es correcto y justo. La decisión de adoptar una postura u otra es exclusivamente personal, y es que ser valiente no es sencillo; no pocas veces tener valor implica perder privilegios o ganarse enemistades.

También hay que armarse de valor para reconocer los propios errores y asumir las consecuencias. Seguramente recuerdas alguna ocasión en la que, siendo niño, hiciste alguna travesura de consecuencias nefastas, como romper el cristal de la ventana del vecino con una pelota. Valor es también el que quizá tuviste que reunir en la adolescencia para declarar tu amor al chico o a la chica de tus sueños. Cuando un niño admite ante sus padres que fue él quien rompió la ventana del vecino está venciendo su miedo, asumiendo su error y preparándose para afrontar sus consecuencias. De la misma manera, cuando un adolescente declara su amor, está superando su miedo al rechazo y preparándose para afrontar no ser correspondido. La valentía es un acto lleno de incertidumbre, pues no siempre logramos el resultado que deseamos, e incluso las consecuencias de nuestro valor pueden ser duras y negativas. El niño que admite haber roto la ventana del vecino seguramente será castigado. Y puede que el adolescente que abre su corazón a la persona que le gusta sea cruelmente rechazado por ella. La valentía tiene un futuro incierto y no asegura el éxito, al menos de forma inmediata, pero sí abre la puerta a la posibilidad y a la esperanza y, a largo plazo, termina generando una ganancia personal positiva. El niño que rompió la ventana podrá ser castigado, pero se ganará la confianza de sus padres. El adolescente que fue rechazado podrá pasarlo mal, pero aprenderá a expresar sus sentimientos y tendrá más posibilidad de encontrar una pareja en el futuro. La cobardía no es arriesgada; quien es cobarde tiene un futuro cierto, aunque mediocre y limitado. Si el niño y el adolescente no se hubieran armado de valor y vencido su miedo, el primero se habría librado del castigo, sí, pero a costa de convertirse en alguien mentiroso e indigno de confianza, y el adolescente se habría ahorrado el mal trago del rechazo, pero su actitud le crearía problemas en sus relaciones futuras.

La valentía es una virtud que debe demostrarse en los pequeños detalles de la vida cotidiana. No es preciso ser un Cid Campeador y lidiar en grandes batallas o un Sócrates y defender los ideales con la vida. Se trata de ser valientes en las decisiones y situaciones del día a día, y responder sin miedo ante aquello que normalmente nos frena y paraliza. No dejes que el miedo te impida alcanzar tus objetivos o defender aquello en lo que crees. Solo es posible crecer y desarrollarse como persona desde la valentía.

VEJEZ

Si alguna vez has tenido entre tus manos una revista del corazón o de moda, seguramente te habrás dado cuenta de que, cada vez con más frecuencia y de manera más escandalosa, los protagonistas de anuncios y reportajes parecen estatuas de cera sin ninguna imperfección ni arruga. Este milagro de la ciencia es posible gracias a esa herramienta mágica que se llama Photoshop y que permite retocar cualquier imagen hasta niveles insospechados en pro de los cánones de belleza y, sobre todo, de la guerra declarada contra la vejez. Las personas tememos las arrugas, son uno de los peores enemigos de los seres humanos de nuestra era. Utilizamos el maquillaje, las cremas cosméticas y otros procedimientos más invasivos, como el láser o la cirugía estética, para detener el tiempo; no queremos envejecer, sentimos que debemos evitarlo a toda costa.

Muy a menudo creemos que la juventud es la etapa más feliz de la vida y asumimos que la vejez está dominada por la infelicidad. La vejez es la última etapa de ese mágico viaje que es la vida; las personas que llegan hasta aquí sienten cada vez más cerca su final, la inminencia de la muerte, y además tienen que enfrentarse a situaciones complicadas, como la jubilación, la muerte de la pareja y otros seres queridos, las enfermedades crónicas... Este conjunto de circunstancias nos lleva a asumir que se trata de una etapa muy poco agradable en la que no queda nada de bueno o positivo. Es cierto que el envejecimiento implica pérdida, declive y deterioro, pero también otra serie de circunstancias positivas y agradables que lo equiparan con cualquier otro momento de la vida.

La mayoría de las personas tiene una visión muy sombría de la vejez, la entiende como una etapa sin ningún aliciente ni ventaja, en la que todo es negativo. Sin embargo, lo que nos enseñan los estudios es que, en todos los grupos de edad existen niveles de felicidad comparables y que las personas mayores no expresan menor felicidad, bienestar o satisfacción con la vida cuando se las compara con las más jóvenes. A esta falta de relación entre la edad y la percepción de felicidad se la conoce como la *paradoja de la felicidad*, pues *a prio-*

ri resulta difícil entender que la edad no influya en la felicidad cuando está asociada a eventos vitales negativos y a situaciones complicadas. La aparente paradoja tiene, sin embargo, una explicación bastante sencilla: lo que sí varía a medida que envejecemos es la intensidad con la que experimentamos las emociones. En la vejez se produce una atenuación de emociones tanto positivas como negativas, por lo que cada vez es menos frecuente experimentar momentos de euforia pero también de desesperación. Laura Carstensen, profesora de la Universidad de Stanford (California), siguió a un grupo de 184 personas con edades comprendidas entre los 18 y los 94 años. Durante una semana se comunicaba con ellas cinco veces al día para pedirles que rellenaran un cuestionario sobre las emociones que sentían en ese preciso instante. Los resultados revelaron que las personas mayores sentían casi tantas emociones positivas como las jóvenes, pero menos emociones negativas. Mientras que experimentar emociones positivas no tenía relación alguna con la edad, la frecuencia con la que se experimentaban emociones negativas se producía con mucha menor frecuencia a partir de los 60 años. Encontró, además, que los estados positivos duraban más y los negativos menos en las personas mayores, es decir, cuando se sentían tristes, las personas mayores se recuperaban antes que las jóvenes. Con la edad aumentaban también la complejidad, la variedad y la riqueza de las emociones experimentadas.

Uno de los principales problemas de los prejuicios y estereotipos que existen en nuestra sociedad acerca del envejecimiento es que influyen de manera muy negativa en las propias personas cuando envejecen. Si envejecemos pensando que nuestra vida va a dejar de tener alicientes y cosas positivas, terminaremos confirmando nuestras propias predicciones. La psicóloga Becca Levy, de la Universidad de Yale, en Estados Unidos, ha demostrado que los estereotipos negativos sobre la vejez que las propias personas mayores poseen influyen negativamente sobre su memoria, les provocan estrés y disminuyen su capacidad para combatirlo. En uno de sus estudios descubrió, incluso, que las personas que poseían estereotipos positivos vivían siete años más que las que tenían estereotipos negativos sobre el envejecimiento.

En una investigación que se llevó a cabo en la Universidad Nacional de Mar del Plata (Argentina), en el año 2005, se comprobó que existía una curiosa diferencia cuando la gente mayor hablaba de la vejez en general, asociándola a significados negativos, y cuando hablaban de sí mismos, de «su» vejez, en la que hacían hincapié en las diferentes actividades sociales en las que participaban, sus *hobbies*, sus deseos y alegrías, de manera que la evaluación que hacían de su momento vital era enormemente positiva. Lo que este estudio refleja es que las personas tenemos una visión muy limitada y negativa de la vejez que nos lleva a sentir grandes dosis de ansiedad y estrés, sobre todo en la mediana edad, y a evitar el envejecimiento a toda costa. Si escuchamos lo que nos dicen los datos, deberíamos comenzar a derrocar los mitos del envejecimiento y podríamos evitar grandes sufrimientos y angustias. La felicidad no desaparece en la vejez, sino que permanece con nosotros a lo largo de toda la vida.

Aunque es cierto que durante la vejez nuestro cuerpo físico experimenta un importante deterioro y que algunas de nuestras funciones mentales también van sufriendo un proceso paralelo de degeneración, no debemos olvidar que existen otras funciones psicológicas que no empiezan su deterioro hasta edades muy avanzadas, otras que nunca llegan a deteriorarse y que incluso existen funciones que experimentan cambios positivos en esta etapa, como ocurre con las afectivas y emocionales, precisamente las que más se relacionan con los niveles de felicidad de las personas. Debemos afrontar la vejez como una etapa de la vida llena de oportunidades para ser felices. Es necesario encontrar nuevas formas de diversión y disfrute, continuar ejercitando la mente y el cuerpo: leer, ir al cine, escuchar música, viajar, jugar con los nietos, salir a pasear... La vejez es una etapa llena de posibilidades y el primer paso para disfrutarla es dejar de lado los prejuicios y estereotipos negativos que tenemos en torno a ella.

VICTORIA

4-6, 4-6, 7-6, 7-6, 7-9. Así ganó en 2008 Rafa Nadal el torneo de Wimbledon ante el número uno del mundo, Roger Federer, tras cuatro intensas horas de partido. El tenis es el prototipo de lo que se conoce como *juegos de suma cero* o *de victoria-derrota*. En este tipo de juegos, lo que una persona gana queda equilibrado por lo que la otra pierde, de manera que la suerte del ganador y la del perdedor están inversamente relacionadas. No solo el tenis, también el fútbol, el baloncesto y todas las competiciones deportivas son ejemplos de juegos victoria-derrota. La vida está llena de situaciones que siguen el modelo de los juegos de suma cero, situaciones en las que, para que uno gane, el otro debe perder: las guerras, las peleas e incluso el sistema electoral de la democracia son ejemplos de ello. En las situaciones de victoria-derrota, las emociones negativas desempeñan un papel dominante.

Por suerte, en la vida no todos los juegos son de suma cero. Existen juegos de suma no nula, en los cuales los participantes pueden salir beneficiados si cooperan. Un buen ejemplo de juego de suma no nula es el dilema del prisionero. Imagina que eres el autor de un robo y la policía acaba de arrestarte junto a tu cómplice. No se han encontrado pruebas suficientes para condenaros, así que la policía necesita vuestra confesión. Os separan a cada uno en una celda, de manera que no podáis comunicaros, y un oficial de policía os visita por turnos para ofreceros el mismo trato. Si confiesas y tu cómplice no, él será condenado a diez años de prisión mientras que tú, por cooperar con la policía, quedarás en libertad. Si decides no confesar, pero tu cómplice lo hace, será él quien quede automáticamente libre y tú cumplirás la pena de diez años. Si los dos confesáis, cada uno recibirá una condena de solo seis años. Finalmente, si ninguno de los dos confiesa, ante la falta de pruebas, pasaréis solo seis meses en prisión, acusados por un cargo menor.

Como ves, el tiempo que pasarás en la cárcel depende de tus propias decisiones en interacción con las decisiones de tu cómplice. Tienes dos opciones: cooperar con tu cómplice, permaneciendo en silencio, y así quedar ambos libres en seis meses, o traicionarlo, confesando, para quedar libre de inmediato mientras tu cómplice pasa diez años encarcelado. Lo que hace interesante el dilema del prisionero es que el resultado de tu elección depende de la elección de tu cómplice y, como desconoces lo que él ha elegido, debes basar tu decisión en simples suposiciones.

Puede que la tentación de ser el primero en confesar sea grande, pues significaría que, si tu cómplice ha mantenido la boca cerrada, te verás automáticamente libre, aunque a él le caigan diez años de condena. Estarías actuando de forma egoísta y, sobre todo, arriesgándote a que tu cómplice también haya pensado como tú y, al haber hablado los dos, os enfrentéis a seis años de condena cada uno. Si ambos decidís actuar de forma egoísta confesando el robo y traicionándoos uno al otro, terminaréis pasando una larga temporada entre rejas.

Es posible, en cambio, que decidas mantener la boca cerrada, suponiendo que tu cómplice también hará lo mismo, y de esa manera en apenas seis meses estaréis los dos fuera. La elección basada en el bien común puede dar mucho mejor resultado que la basada en el interés individual, pero, para permanecer callado, debes tener plena confianza en el otro. ¿Te fías de que tu cómplice no te vaya a traicionar? Si tú decides callar y él habla, pasarás nada menos que diez años en prisión.

Si analizamos el problema desde la absoluta racionalidad, confesar es la estrategia más lógica, pues sea cual fuere la elección del otro, nunca pasarás en la cárcel la máxima condena. Pero actuar siguiendo esta lógica te está impidiendo, automáticamente, optar a la solución más beneficiosa, la de pasar solo seis meses encarcelado, que solo conseguirás no confesando. La respuesta ideal al dilema debe estar basada no en la lógica, sino en la confianza y la cooperación con tu cómplice. Si confiáis realmente uno en el otro y apostáis por cooperar, los dos saldréis ganando. Dado que el dilema está planteado de manera que ninguna de las opciones os libere de la condena a los dos a la vez, lo esperable (aun en contra de la fría lógica) es apostar por la solución más beneficiosa para ambos, en este caso, no confesar.

Puede parecer que el dilema del prisionero no es más que un pasatiempo matemático; sin embargo, existen muchas situaciones de la vida diaria que pueden ser analizadas de la misma manera. Esto hace que este dilema y su resolución tengan un gran interés en campos como la economía, la política, la biología, la sociología o la psicología.

Una vertiente interesante de los juegos de suma no nula son los juegos de suma positiva o victoria-victoria, que se conocen también como *juegos cooperativos*, pues su objetivo es cooperar para que todos ganen. En los juegos cooperativos no se compite, todos se esfuerzan por conseguir el mismo objetivo y juegan juntos para obtener una victoria compartida. Las emociones positivas son fundamentales en este tipo de juegos. En los juegos cooperativos, las metas son compatibles para todos los jugadores, y entre ellos no existe oposición, sino interrelación, de manera que las acciones de cada uno tienden a favorecer al resto, en lugar de perjudicarlo. El juego cooperativo no es competitivo y, dado que el resultado se alcanza por la unión de esfuerzos, tienden a desaparecer automáticamente los comportamientos agresivos hacia los demás. Se trata de jugar con, y no contra, los demás.

Es cierto que los juegos son solo eso, juegos, y pueden parecer pasatiempos sin mayor trascendencia. Pero se ha comprobado que favorecer los juegos cooperativos en la escuela, en detrimento de los juegos de suma cero, desarrolla en los niños la capacidad de cooperar y de ayudar al prójimo, aumenta su autoestima y la confianza en sí mismos, estrecha los lazos afectivos y desarrolla un sentido de unidad de grupo, les enseña a compartir, a dialogar y a confiar en los demás.

Más allá de los juegos, basar la vida en situaciones de victoria-victoria, donde todos ganemos, y evitar situaciones en las que la ganancia de uno suponga la derrota del otro parece lo más inteligente. Potenciar una forma de entender el mundo basada en la victoria-derrota es contraproducente y extremadamente negativo. Si dedicamos nuestro esfuerzo a potenciar una perspectiva victoria-victoria, todos ganamos cooperando juntos por un objetivo común y beneficioso para todos. No hay duda, cuantas más situaciones victoria-victoria haya en una sociedad, más probabilidades tienen sus individuos de prosperar, crecer y ser felices.

VITALIDAD

¿Sientes como si llevaras una pesada mochila de piedras en la espalda? ¿Te levantas con frecuencia más cansado de lo que te acuestas? ¿Te sueles quedar dormido cuando vas en el autobús o en el metro? Uno de los peores enemigos de la felicidad es la falta de vitalidad. La vitalidad es la gasolina de la vida, la que nos hace funcionar al máximo rendimiento. Una persona vital es aquella que tiene la energía necesaria para emprender proyectos, alcanzar metas y cumplir sueños, la que exprime la vida hasta la última gota y sabe encontrar siempre la manera de disfrutar de todo cuanto le rodea. Cuando la vitalidad falta, nos invade la fatiga, el cansancio, la debilidad, la apatía y la vida se vuelve gris, fea y aburrida.

En nuestros días, el estrés es el culpable más habitual de la ausencia de vitalidad (siempre, por supuesto, que no se trate de un síntoma asociado a alguna enfermedad). El estrés afecta a nuestro organismo muy negativamente: cuando nos encontramos estresados, transmitimos a nuestro cuerpo una señal de alarma aguda. El organismo se prepara entonces para hacer frente a esa amenaza y, para ello, segrega una serie de sustancias químicas que aceleran el metabolismo y disparan la alerta.

Cuando esta situación de alerta se mantiene en el tiempo, porque el estrés no desaparece, el cuerpo comienza a resentirse y la tensión acumulada termina produciendo un desgaste físico importante que es, a su vez, el causante de la fatiga, la falta de energía y la debilidad. Con el tiempo, el sistema inmunológico se ve afectado y, si el estrés continúa prolongándose, comienzan a aparecer enfermedades e infecciones.

Un pensamiento frecuente cuando nos invade la fatiga y la falta de vitalidad es eliminarla descansando. Nuestro sentido común parece decirnos: «si estás cansado, descansa». Ocurre, sin embargo, que éste es un pensamiento equivocado, y en realidad debemos hacer exactamente lo contrario: «si estás cansado, actívate». Supera la desidia inicial y haz un pequeño esfuerzo por activar tu organismo. Reaccionar ante el cansancio descansando no hace sino empeorar nuestro estado; el organismo necesita movimiento para activarse. Moviéndote animarás a tu cuerpo a sentirse más enérgico y tendrás ganas de hacer más cosas. En principio puede resultar difícil forzarte a hacer cualquier tipo de ejercicio físico cuando sientes un gran cansancio, pero merece la pena intentarlo; te darás cuenta de que sientes mucha más vitalidad y energía después de hacer ejercicio. Incrementa tu actividad física caminando, nadando, dando un paseo en bici, bailando, jugando con tus hijos... No se trata de que salgas a correr un maratón ni de que te conviertas en atleta o ciclista profesional, sino de que rompas el círculo vicioso de la fatiga y recuperes la vitalidad perdida. Si no encuentras ningún deporte que te atraiga o crees que no tienes tiempo para dedicarle, simplemente cambia algunas de tus rutinas diarias: camina en lugar de coger el coche, sube andando las escaleras de casa o del metro...

Y no olvides que actividades como la relajación, la meditación y el yoga también pueden devolverte la vitalidad que te falta, al eliminar el bloqueo físico y emocional que causan el estrés y la ansiedad. Recuperar la paz interior por medio de alguna de estas técnicas incrementa la fuerza de tu organismo, activa la circulación y hace fluir tu energía.

Por supuesto, una buena alimentación también influirá positivamente en tu vitalidad. Evita en lo posible las grasas animales y consume alimentos vivos: verduras, frutas y legumbres, que te aportarán todos los nutrientes que necesitas. Limpia tu organismo de toxinas y grasas saturadas, olvídate de consumir alimentos refinados y nutricionalmente vacíos, como los productos procesados, la bollería industrial o la comida basura. Hasta la forma en la que comes tiene su influencia en tu vitalidad: si comes hasta la saciedad, se apoderará de ti una horrible sensación de pesadez que puede durar horas, así que no te atiborres, levántate de la mesa antes de sentirte lleno.

Recupera la vitalidad en tu día a día; notarás que todo a tu alrededor parece más luminoso y radiante. Mantén una buena forma física, da descanso a tu mente a través de la relajación y la meditación, aliméntate de forma sana y no dejes que tu cuerpo se quede sin gasolina.

VOCACIÓN

Y tú, ¿qué quieres ser de mayor: médico, bombero, abogado, cantante, arquitecto, veterinario, pastelero? Desde que somos muy pequeños, se nos plantea una y otra vez la misma pregunta. Ya desde la tierna infancia comienzan a notarse algunos patrones de respuesta: hay quien recuerda que desde muy niño tuvo muy claro lo que quería ser; otros, en cambio, reconocen que cada día querían ser una cosa diferente. Esta pregunta divertida y despreocupada pasa a convertirse en la decisión más importante de nuestras vidas apenas llegamos a la adolescencia. Es el momento de elegir el camino que definirá lo que vamos a ser el resto de nuestra vida. La cualidad encargada de esta decisión tan trascendental se conoce como *vocación*.

La vocación es la disposición o tendencia natural que tenemos las personas a realizar determinadas actividades, a preferir ciertos ambientes, circunstancias o situaciones, que se manifiesta no solo en el ámbito laboral, sino en todos los aspectos de la vida. A través de la vocación, expresamos nuestra personalidad, nuestras pasiones, sueños, valores, deseos y preferencias, y gracias a ella podemos trazar nuestro proyecto de vida, el camino que queremos andar. La vocación es una inclinación que se suele manifestar desde que somos niños, pero esto no quiere decir que sea una cualidad innata ni estática.

La vocación es algo que se desarrolla a lo largo de toda la vida y que se va construyendo según las personas vamos madurando, creciendo y descubriendo quiénes somos y hacia dónde vamos. Es frecuente que una persona, a lo largo de su vida, sufra diversas crisis de identidad, en las que sienta la necesidad de replantearse el estado de cosas a su alrededor. Estas situaciones críticas forman parte del desarrollo vocacional y son, a pesar de la angustia que nos generan, fundamentales para ayudarnos a crecer como personas y encontrar nuestro camino.

Aquellos que son capaces de seguir su vocación encuentran profunda satisfacción y felicidad en la vida. La vocación es una fuente de motivación permanente, que nunca se agota, y que nos impulsa a trabajar con entusiasmo y pasión para alcanzar nuestros sueños y objetivos. A través de la vocación vislumbramos nuestra misión en la vida y esto nos hace sentir parte de algo más grande y superior a nosotros, algo así como un propósito universal que intuimos, aunque no sepamos definir con certeza.

Es posible que sientas que no tienes vocación. Ciertamente, hay personas que tienen una vocación muy marcada; recuerda a esos niños que desde pequeños tuvieron muy claro que querían ser médicos, pilotos o veterinarios y han seguido firmemente ese camino en su edad adulta. Otras, en cambio, parecen más perdidas, como si navegaran dando tumbos en un mar de posibilidades que no saben materializar. Pero no te confundas, todos los seres humanos tenemos vocación, simplemente cada uno toma conciencia de ella en momentos distintos de su vida. En la mayoría de los casos, la vocación requiere un complejo y profundo proceso de autoconocimiento que suele llevar tiempo y esfuerzo. No hay duda de que la vocación tiene una parte innata, pero otra parte fundamental es un proceso de construcción que se desarrolla a lo largo de la vida gracias a la introspección y al conocimiento de uno mismo que vamos adquiriendo con el paso de los años. La vocación es un río que nunca deja de fluir, y nosotros tenemos que aprender a seguir su curso.

Vocación y fortalezas personales

El desarrollo del concepto de fortalezas personales que hace varios años realizaron los psicólogos Martin Seligman y Christopher Peterson dentro del marco de la psicología positiva encaja perfectamente en el ámbito de la vocación. Utilizar el Cuestionario VIA de Fortalezas Personales te servirá de utilísima guía para desarrollar plenamente tus vocaciones, aquello para lo que sientes que la vida te ha destinado, lo que te conecta con algo superior y universal. Aprovecha el cuestionario adaptado a niños y adolescentes para ayudar a tus hijos en la tarea de elegir el camino que quieren seguir. Encontrarás el cuestionario traducido al castellano en la web <www.psicologiapositiva.org.> Complétalo y conocerás automáticamente cuáles son tus fortalezas personales, aquellas que reflejan lo más hondo de tu personalidad, tus sueños, tus aptitudes y, por supuesto, tu vocación.

YOGA

El yoga nace en la India hace miles de años y desde entonces forma parte de la filosofía de vida de todo el mundo oriental. La cultura occidental, sin embargo, ha desconocido su práctica hasta hace poco más de cien años. Y apenas ha sido en las últimas décadas cuando parecemos haber comprendido, por fin, el inmenso poder del yoga y sus valiosos beneficios. Hoy, son millones de personas las que lo practican en nuestra cultura. En Occidente hemos captado el valor del presente, de descansar la mente y recuperar la paz interior perdida en abarrotados viajes en metro, atascos en la carretera, ruido, prisas, polución... La practica del yoga nos relaja y nos despoja de las tensiones cotidianas, purifica nuestro cuerpo y nuestra mente, liberándonos del estrés y de todas las preocupaciones diarias.

El objetivo del yoga es permitir a la persona tomar conciencia de su propio cuerpo y conectar con su ser interior. Es una técnica que trabaja tanto a nivel físico, a través de diversos ejercicios, movimientos y posturas, como a nivel mental, utilizando la respiración, la relajación y la meditación. El yoga nos enseña a dominar nuestro cuerpo, a controlar nuestra mente y a equilibrar nuestras emociones. En la actualidad, existen numerosos estudios científicos que reafirman su efectividad, que ya ha sido comprobada a lo largo de miles de años de experiencia.

El yoga actúa, principalmente, disminuyendo el estrés y el dolor. Se ha mostrado efectivo en procesos de recuperación de enfermedades y en el alivio de dolencias como el asma, la fibromialgia, las cefaleas, la hipertensión, el lumbago... Por ejemplo, en una investigación que se llevó a cabo hace poco tiempo en un hospital inglés, se comprobó que bastaban tres sesiones de yoga semanales durante tres meses para que un grupo de pacientes diagnosticado de pancreatitis crónica aumentara considerablemente su resistencia al dolor provocado por la inflamación del páncreas.

Es posible que tengas la sensación de que el yoga es algo así como una religión o una doctrina espiritual que no encaja en tus creencias. Es cierto que, para algunas personas, está muy ligado a una forma de vida concreta, pero, en realidad, el yoga puede entenderse como una simple herramienta con la que ejercitar el cuerpo y la mente. No importan tus creencias ni tu filosofía, entiende el yoga como una técnica más que puede aportarte inmensos beneficios físicos, mentales y emocionales.

Existen decenas de modalidades y tipos de yoga. La disciplina que normalmente practicamos en Occidente deriva del astanga yoga, una modalidad que el maestro hindú Sriman Krishnamachaya desarrolló a principios del siglo xx. A partir de ella nace el hatha yoga o yoga de las posturas corporales, que es actualmente la modalidad más extendida. Se trata de un tipo de yoga físico que aporta a los músculos firmeza, flexibilidad y elasticidad, a la vez que favorece la respiración, la relajación y la meditación. Su objetivo es la relajación total. El hatha yoga trabaja mediante diferentes ejercicios posturales orientados a permitir que la energía corporal fluya libremente. Una sesión de hatha yoga consiste, por tanto, en una tabla de posturas que la persona debe ir adoptando sucesivamente, haciendo pequeñas pausas respiratorias entre ellas.

Practicar yoga de forma habitual repercute directamente en nuestra salud física, nos ayuda a adoptar un estilo de vida más saludable, corrige nuestra postura, disminuye el estrés y, con él, la probabilidad de sufrir todo tipo de dolencias, infecciones y enfermedades. El yoga te aportará, además, paz espiritual y sosiego, a la vez que grandes dosis de energía y vitalidad para enfrentarte con fortaleza y entusiasmo a la vida diaria.

Consejos básicos para practicar yoga

Es posible que, al principio, te resulte difícil realizar los ejercicios correctamente. No desesperes, el yoga requiere práctica y constancia. Poco a poco irás notando cómo tu cuerpo responde mejor a las diferentes posturas y cómo cada vez te resulta más fácil relajarte y respirar correctamente. Aunque es recomendable formarse en alguna escuela especializada, a continuación te damos las pautas más básicas de la práctica del yoga.

• **Controlar la respiración es fundamental.** Aprende a respirar despacio y profundamente, desde el diafragma y no desde el pecho. Toma conciencia de cada ciclo de inspiración-espiración en los diferentes ejercicios que realices.

• **Elige un lugar para realizar tus ejercicios que sea cómodo, tranquilo y limpio.** Lo ideal es destinar una habitación y convertirla en tu espacio de yoga. Si no es posible, procura que sea siempre el mismo lugar y que esté libre de ruidos y distracciones. Coloca una alfombra o una colchoneta sobre el suelo, lugar en el que realizarás tus ejercicios.

• **Escoge un horario fijo,** en el que cada día puedas realizar tus ejercicios, preferiblemente a primera hora de la mañana, momento en el que tu mente y tu cuerpo se encuentran más relajados y libres de las tensiones del día.

• **El yoga se practica mejor con el estómago vacío,** por lo que es recomendable no haber comido al menos en las últimas cuatro horas.

• **Utiliza ropa cómoda y holgada,** que no te apriete

ni te incomode, preferiblemente de materiales suaves como el algodón o el lino. No lleves zapatos, gafas ni ningún tipo de accesorio encima.

- **En yoga existen decenas de ejercicios y posturas diferentes.** Cada persona tiene sus preferencias y le resultan más cómodos y prácticos unos u otros ejercicios. Prueba con diversos hasta que escojas los que se amolden mejor a tus necesidades y posibilidades.

- **Nunca fuerces demasiado tu cuerpo,** sobre todo al principio; necesitarás un periodo considerable de tiempo para ir adaptándote a esta disciplina. Si un ejercicio te resulta demasiado complicado o incómodo, elimínalo de tu rutina.

- **La actitud positiva es fundamental** en la práctica de yoga. No es un proceso fácil; necesitas estar muy motivado, pues te costará esfuerzo y tiempo. Ármate de paciencia, optimismo y energía positiva.

Z

ZEN

La filosofía zen forma parte de la tradición budista propia del continente asiático. En los últimos tiempos, si embargo, ha llegado hasta Occidente para recordarnos el valor del presente y la importancia de conectar con nuestro interior. La filosofía zen anima a las personas a no dejarse engañar por las apariencias del mundo exterior y a mantenerse íntegras en una sociedad cada vez más ambiciosa y enfrentada. Nos recuerda lo importante que es recuperar la sencillez y la simplicidad de las cosas pequeñas, y aprender a apreciar nuestra realidad más íntima y personal. El ser humano debe reconciliarse consigo mismo, conocerse, conectar y tomar plena conciencia de su propia existencia.

Si hay algo valioso que debe extraerse del zen es su determinación por dar a eso que llamamos «vida cotidiana» el lugar que se merece. Para el zen, no existe el pasado ni el futuro, solo el presente más inmediato; las personas deben vivir en un eterno ahora. Es preciso que cambiemos nuestra forma de afrontar la vida diaria y que aprendamos a encontrar la felicidad y la satisfacción en los pequeños detalles del día a día. Cualquier actividad cotidiana, por sencilla y rutinaria que pueda parecer, tiene la potencialidad de impregnarse del espíritu zen: dar un paseo, conducir, cocinar, practicar un deporte, bailar, trabajar... el secreto está en afrontar cada tarea con naturalidad y espontaneidad. La necesidad que tenemos la mayoría de nosotros de clasificar, encapsular, definir, poner límites y etiquetas a todo lo que nos rodea nos impide demasiadas veces captar la realidad e impregnarnos de ella; por eso el zen nos invita a liberarnos de las cadenas de la racionalidad y a dejarnos llevar por el fluir de cada momento. Para la filosofía zen, la esencia de la vida debe sentirse, no pensarse.

Desde la filosofía zen también se nos invita a cortar el hilo que nos ata a las posesiones materiales, a vaciarnos de todo lo que a lo largo de nuestra vida hemos ido acumulando. Para el zen, las posesiones materiales generan angustia y ansiedad. Los hombres de Occidente vivimos demasiado centrados en conseguir bienes materiales: una casa, un coche, un vestido... y esa espiral consumista nos provoca una enorme frustración que nos impide disfrutar realmente de la vida. Al vaciarnos y desprendernos de todo, nos damos cuenta de que realmente no tenemos nada, y solo entonces, cuando somos conscientes de que al no tener nada no tenemos tampoco nada que perder, es cuando podemos empezar a vivir de verdad; ante nosotros se abre un enorme mundo de potencialidades inagotables.

¿Cuántas veces al día consultas el reloj? Seguramente muchas; en Occidente vivimos con prisa, con la constante sensación de que no llegamos a tiempo o de que el día tiene menos horas de las que necesitamos. El zen asegura que, solo cuando no tenemos prisa, nuestros sentidos pueden percibir el mundo en todo su esplendor. Imagina que viajas en un tren de alta velocidad y decides mirar por la ventana para contemplar el paisaje; te darás cuenta de que es imposible ver nada, la velocidad lo convierte todo en un conjunto borroso, sin matices. Es preciso bajarse de ese tren y dejar que los sentidos puedan detenerse en cada detalle del presente que vivimos, solo así podremos disfrutar verdaderamente del día a día. Y, curiosamente, esta contemplación pausada del mundo exterior nos llevará a alcanzar la paz interior que tanto necesitamos, a conectar con nuestro ser más íntimo y a encontrar nuestro lugar en el mundo, el sentido de nuestra vida. Vivir de acuerdo con el zen nos permite alcanzar un estado interno gobernado por la paz, la claridad y la identificación con nuestros semejantes.

Para ayudarnos a alcanzar esta forma de vida, el zen propone un tipo de meditación que persigue expulsar todos los pensamientos de la mente y detener los procesos mentales que nos obsesionan. Gracias a ello, la mente se libera de sus ataduras, y puede descansar y recuperar el ritmo energético natural y saludable, imprescindible para una vida plena y feliz.